이 토 록
어 여 쁜
그 림 책

# 이토록
# 어여쁜
# 그림책

이상희 최현미 한미화 김지은 지음

어느날 문득
어른이 된 당신께
드리는 그림책
마흔네 권

이봄

**일러두기**

1. 수록된 책에 관한 서지 정보, 특히 인명을 비롯한 외래어 표기는 출간 도서의 서지 정보를 그대로 따랐습니다. 판본이 바뀐 경우에는 관련 사항을 밝혔습니다.
2. 수록된 책 관련 사진은 해당 도서를 출간한 출판사에 촬영 및 수록에 관한 확인 절차를 밟아 이봄출판사에서 별도로 촬영한 것입니다. 촬영한 사진의 저작권은 이봄출판사에 있으며, 대상 도서의 촬영에 관한 허가의 권리는 가지고 있지 않습니다.

책을 펴내며

# 오직 당신께,
# 그림책 한 권을
# 권합니다

네 사람은 서로 다른 직업을 가지고 있습니다. 목소리의 톤도 조금씩 달라서 대화를 나누면 성부가 나뉜 중창을 듣는 것 같습니다. 누구는 자정을 넘겨야 원고가 풀리고, 누구는 아침이 남보다 서너 시간 일찍 시작됩니다. 커피를 전혀 마시지 못하는 사람, 우유가 있어야 마시는 사람, 커피가 없으면 일이 안 되는 사람이 함께 있습니다.

닮은 곳이 없는 시인과 신문기자, 출판평론가와 동화작가를 만나게 한 건 그림책입니다. 그림책에 관해 이야기해보자는 건 늘 모임의 부드러운 핑계가 됩니다. 눈여겨본 새 책 이야기를 시작하면 어찌 하지 못할 정도로 대화가 들뜹니다. 여러 해 전에 읽은 책을 통해 느낀 점을 나누면서 덜컥덜컥 발목을 잡는 삶의 순간들에 대해서 서로 터놓고 마음을 다독입니다.

네 사람은 어른이 된 뒤로 내내 맘 편히 숨 돌릴 틈도 없이 일하며, 이 땅에서 여성으로서 살아가고 있다는 점에서 같은 길 위에 서 있습니다. 직장인으로, 엄마로, 딸로, 연인으로, 친구로 살아가면서 느끼는 고민이 저마다 다 다르면서도 또 매우 닮아 있습니다. 어떻게 저 눈앞의 산을 넘어야 할까, 내일은 또 무슨 힘을 끌어와서 이 어려움을 이겨낼 수 있을까, 막막해지는 순간이면 우리는 그림책을 읽었습니다. 그리고 그림책이 주는 위로와 용기에 힘입어 날카롭게 스쳐가는 하루하루를 무사히 통과하고 있습니다.

그림책은 각자의 삶에서 점차 크게 자라는 중입니다. 그림책버스를 만들던 시인은 아예 강원도 원주라는, 하나의 도시를 그림책도시로 만드는 일에 돌입했습니다. 신문기자의 빡빡한 취재 가방에는 그림책이 동행합니다. 하루에도 열 번씩 오락가락하는 그의 마음을 돌보아주는 건 바로 그림책입니다. 출판평론가는 모임에서 오간 의미 있는 이야기들이 바람에 날아가지 않도록 차곡차곡 정리를 하더니, 책으로 갈무리하는 일을 자청했습니다. 네 사람은 자연스럽게 의기투합을 했지요. 저희처럼 더 많은 이들이 그림책에서 힘을 얻고, 그림책을 더 많이 끼고 살고, 아예 그 매력으로부터 영영 빠져나오지 못하도록 찰떡같이 유혹하는, 대단히 친절한 책을 쓰기로 했습니다.

"세상 사람들이 우리처럼 그림책 때문에 아무 일도 못하게 만들자. 우리처럼 그림책 덕분에 어떤 일도 다 할 수 있게 만들어버리자."

이것이 모토라면 모토였습니다. 모임의 막내인 동화작가는 '언니'들로부터 쏟아지는 금쪽같은 인생 팁을 챙기기에 바빴습니다. 그림책을 매개로 나누게 된 행운과도 같은 이야기들을 혼자서 듣고 말기에는 너무나 아깝다고 생각했습니다. 기꺼이 동의했고, 책이 나오는 과정의 심부름을 즐겁게 도맡았습니다. 『이토록 어여쁜 그림책』은 그렇게 세상에 나왔습니다.

그림책은 어린이들만 읽는 책이라고 흔히들 생각합니다. 그림책에 관한 가장 보편적인 오해입니다. 그래서 그런 건지, 어린이들에게 그림책을 권하는 책은 많지만 어른들에게 그림책을 권하는 책은 거의 없습니다. 하지만 정말 그럴까요. 저희는 그렇게 생각하지 않습니다. 그림책은 모든 사람을 위한 책입니다. 0세부터 100세까지 누구나 사랑하고 즐길 수 있습니다. 누구에게나 어렵지 않고, 읽는 데 시간이 많이 걸리지도 않습니다. 그림책은 오직 단 한 사람만을 위한 책이기도 합니다. 읽는 사람에게 꼭 맞는 다정함을 건네기 때문입니다.

어쩌면 그림책은 어른들에게 더 필요한 책일지도 모릅니다. 그래서 더 권하고 싶은 책입니다. 그림책을 읽다보면 누구나 살면서 한번쯤 짚어야 하는 지점을, 잠시 머물렀으면 좋을 것 같은 풍경을, 간직하고 싶은 내면의 고백을 자주 만나게 됩니다. 그럴 때마다 비슷한 마음으로 살아가고 있을, 다 자란 어른인 바로 당신 앞에 꼭 맞는 그림책을 한 권 놓아주고 싶었습니다. 열심히 살아갈 당신께 그림책이라는 알뜰하고 사랑스러운 사치를 권하고 싶었기 때문이지요. 그래서 권하고 싶은 그림책을 고르기 시작했고, 수없이 많은 책들 중에 마흔네 권을 정성껏 마련했습니다.

이 책이 부디, 당신께 그림책 세계로 들어오는 작은 문이 되어주면 좋겠습니다. 책을 통해 우리가 건네는 이야기들을 만나고, 그로 인해 당신에게도 인생의 그림책 한 장면이 생긴다면 얼마나 좋을까요.

세상 그 자체가 우리 몸과 마음의 건강을 해치고 있는 것 같은 요즘입니다. 하지만 그림책은 전적으로 우리 삶에 무해하며 이토록 어여쁘기까지 합니다. 몇 번씩 저희 스스로를 돌아보고 헤아리면서 정리한 기쁨과 사랑, 위로와 성장이라는 열쇳말이 말도 안 되는 세상의 공격 앞에서 서럽게 휘청거리는 당신을 든든히 잡아주기 바랍니다.

책을 내는 데 도움을 주신 고마운 분들이 있습니다. '그림책으로 마음 선물하기' 코너를 통해서 이 글들이 독자와 만나는 다리를 놓아주신 '채널예스'의 손민규 님, 책 만드는 과정에 함께 해준 이봄출판사 편집부의 강소이 님과 디자이너 이효진 님께 감사를 드립니다.

마지막으로, 그림책 앞에 정신을 놓은 '언니'들의 좌충우돌 프로젝트를 지지해주고 끝까지 격려해준, 역시 이 땅에서 여성으로 고군분투 살아가고 있는 이봄출판사 고미영 대표와 이현화 실장께 감사의 마음을 전합니다.

2016년 12월
이상희, 최현미, 한미화, 김지은

책을 펴내며 오직 당신께, 그림책 한 권을 권합니다·005

## 하나. 잊고 지낸 기쁨의 순간을 돌려드립니다

그림책으로 어린 시절을 떠올려봅니다_『난 자전거를 탈 수 있어』_한미화·016

눈부신 빨강, 감사와 기쁨의 상징_『안나의 빨간 외투』_이상희·022

침묵의 의미를 떠올리는 생일은 어떨까요_『눈 오는 날의 생일』_김지은·028

종이책과 마주하는, 그 순간의 기쁨_『심야 이동도서관』_최현미·034

인생의 비에 대처하는 우리의 자세_『비오는 날의 소풍』_최현미·042

오늘 당장 명랑한 처방전이 필요한 당신께_『워거즐튼무아』_김지은·048

온몸으로 느끼는 물속 세상의 기쁨_『수영장』_한미화·056

음악의 기쁨을 누리고 싶은 당신께 드리는 초대장_『백다섯 명의 오케스트라』_이상희·062

일상의 경이로운 순간을 잊고 계신다면_『날마다 날마다 놀라운 일이 생겨요』_이상희·068

책을 여는 순간, 마법의 타임 스타트!_팝업북_최현미·074

당신께도 낡고 오래된 친구가 있나요?_『내 인형이야』_한미화·080

[그림책, 이렇게 즐기세요 01] 그림책을 본다는 것, 사랑스런 친구들을 만나는 것·086

## 둘. 사랑은 숱한 관계 속에서 피어납니다

사랑하지 않았다면 백만 번을 살아도 산 것이 아닙니다 「100만 번 산 고양이」_한미화 · 094
서로의 눈을 들여다보는 건 사랑한다는 뜻입니다 「찰리가 온 첫날 밤」_한미화 · 100
당신 앞에 아름다운 결혼식이 펼쳐집니다 「토끼의 결혼식」_김지은 · 106
"내가 어쩌자고 결혼이란 걸 했을까!" 「개구리 왕자 그 뒷이야기」_한미화 · 112
기억의 힘으로 사랑은 언제나 현재진행형 「아모스와 보리스」_최현미 · 118
돌고 도는 사랑, 그 질량불변의 법칙 「언제까지나 너를 사랑해」_최현미 · 124
당신을 믿어주는 단 한 사람이 있다면 「엄마 마중」_한미화 · 130
응원이 필요한 분께 마음 건네기 「애너벨과 신기한 털실」_김지은 · 136
행복을 마중하러 가세요 「리디아의 정원」_최현미 · 142
나만의 색깔을 사랑하는 법 「저마다 제 색깔」_이상희 · 148
나를 사랑하는 또다른 방법, 나다운 나를 위하여! 「고슴도치 X」_김지은 · 154

[그림책, 이렇게 즐기세요 02] 좋아하는 인형이 많은 어른이 되고 싶습니다 · 160


## 셋. 우리가 받은 위로를 당신께도 전하고 싶습니다

눈앞에 닥친 곤경 앞에서 무슨 생각을 하시나요 「오늘은 좋은 날」_이상희 · 168
당신만의 '알도'를 가져보세요 「알도」_최현미 · 174
민들레라고 주목받는 벚꽃이 되고 싶지 않았을까요 「민들레는 민들레」_한미화 · 180
지금 바로, 생각을 바꾸는 스위치를 켜세요 「밤을 켜는 아이」_김지은 · 186
왕처럼 먹고 푹신한 침대에서 쉬세요, 허리가 아플 때까지 「마지막 휴양지」_한미화 · 192
날마다 날마다 시간이 모자란다면 「시간 상자」_김지은 · 198
그녀가 마지막으로 짠 담요는 황금빛으로 반짝였더랍니다 「소피의 달빛 담요」_김지은 · 206
슬픔을 마주 대할 때 누리는 치유와 위로의 시간 「여우 나무」_이상희 · 212
당신의 강아지는 천국에서 행복할 거예요 「강아지 천국」_최현미 · 218

그림책을 통해 숲과 만나시길, 숲을 통해 휴식을 누리시길
_「나무를 그리는 사람」_최현미 · 224

흰눈이 우리를 안아주는 밤 _「아기 여우와 털장갑」_김지은 · 230

[그림책, 이렇게 즐기세요 03] 글과 그림만? 구석구석 감춰진 그림책의 은밀한 이야기 · 236

## 넷. 지금도 우리는 성장하는 중입니다

자기 힘으로 살아가는 것, 성장의 시작을 응원합니다 _「꼬마 다람쥐 얼」_이상희 · 244

부엉이를 보고 싶다는 소망이 없었다면 고통도 없었겠지요 _「부엉이와 보름달」_한미화 · 250

기다리는 일이 즐거워야만 고래를 만날 수 있습니다 _「고래가 보고 싶거든」_한미화 · 256

오늘도 생각합니다. '할까? 말까? 아니야 할까? 말까?'
_「바다가 보고 싶었던 개구리」_한미화 · 260

겨울을 견딘 작은 배추는 더 이상 작은 배추가 아닙니다 _「작은 배추」_김지은 · 266

하는 일을 즐긴다면 그 삶에도 꽃이 핍니다, 아주 활짝! _「구룬파 유치원」_이상희 · 272

말 안 통하는 동료에게 푸념 대신 책 한 권을!
_「사자 사냥꾼 클로이의 끝없는 이야기」_한미화 · 278

매일매일 즐겁게 살다보면 혹시 알아요? 요정이 도와줄지 _「줄넘기 요정」_김지은 · 284

우리도 참새처럼 앙거스네를 응원해보면 어때요? _「참새의 빨간 양말」_김지은 · 290

손을 내미는 것에서 성장은 시작됩니다 _「눈 오는 날」_최현미 · 296

나만이 아닌 공동체를 생각합니다 _「창밖의 사람들」_김지은 · 302

상황별 처방전 그림책이 필요한 순간, 어울리는 책 한 권 · 308

하나,
# 잊고 지낸
## 기쁨의 순간을
# 돌려드립니다

철학자 세네카는 '분주한 자들의 인생이 가장 짧다'고 했습니다. 그러고 보니 정신없었던 오늘 하루가 유난히 짧았던 것 같습니다. 이렇게 훌쩍 하루가, 한 달이 그리고 일 년이 지나가버립니다. 그러다 문득 이런 생각이 들었습니다.

"그동안 내게 무슨 일이 있었던 거지?"

모두 잊어버렸다고 생각했지만 지금껏 우리에게는 많은 일들이 있었습니다. 처음으로 두발 자전거를 타고 쌩쌩 달렸던 일이며, 양장점에서 맞춘 근사한 외투를 입고 거울에 비춰보던 날의 환희와, 손꼽아 기다리던 생일까지 소중한 추억들이 우리 안에 있습니다. 하지만 안타깝게도 그런 일들이 있었다는 것조차 잊은 채로 살아가고 있습니다. 어쩌면 우리는 우리 삶의 일부분만 사용하고, 나머지는 모두 흘려보내버리는 것인지도 모릅니다.

그림책은 바로 그렇게 흘려보낸 순간을 다시 되돌려줍니다. 『난 자전거를 탈 수 있어』를 펼치면 두발 자전거를 타고 싶어 아빠를 졸랐던 그날이 떠오릅니다. 『안나의 빨간 외투』에서 엄마가 안나에게 정성껏 마련해준 외투처럼 우리에게도 이런 소중한 물건들이 있었지요. 그림책을 펼쳐 이런 순간을 떠올리는 것만으로 때로는 유년의 즐거웠던 날들로, 나를 위해 기도해준 사람들에게로 단숨에 날아갈 수 있습니다. 오늘의 나를 있게 한 기쁘고 소중한 순간들이 생생하게 되살아납니다.

어른이 된 이후로 언제부터인가 잠시 멈추면 그것은 곧 도태이자 후퇴이고, 게으른 것처럼 여겨졌습니다. 하지만 그림책은 그렇지 않다고 말해줍니다. 우리에게는 소중한 기억들이 있고, 때로 그것들을 하나씩 꺼내 즐기고, 기뻐해도 된다고 말해줍니다. 그래서 저는 그림책 안에서만큼은 고요하고, 안전하고, 충만한 기쁨을 누릴 수 있습니다. 그렇게 책을 통해 기쁨을 누렸던 순간의 기억을 당신께 펼쳐 보입니다.

『수영장』『눈 오는 날의 생일』『심야 이동도서관』『비오는 날의 소풍』『백다섯 명의 오케스트라』와 더불어 처음 수영을 했던 날, 클래식 연주회를 들으러 간 날, 소풍날을 기억해보세요. 그림책은 이야기합니다. 날마다 우리 삶에서 얼마나 놀랍고 기쁜 일이 생겼는지, 앞으로 또 얼마나 생길지 모른다고 말입니다.

『난 자전거를 탈 수 있어』 | 아스트리드 린드그렌 글 | 일론 비클란드 그림 | 햇살과나무꾼 옮김 | 논장

## 그림책으로
## 어린 시절을
## 떠올려봅니다

어릴 때 읽었던 책을 만나면 타임머신을 탄 것마냥 그 시절의 추억이 몰려옵니다. 초등학교 시절 어린이 잡지 『소년 중앙』의 별책 부록으로 나온 『로타와 자전거』를 아껴 읽었던 적이 있습니다. 린드그렌이 글을 쓰고 비클란드가 그림을 그린 『로타와 자전거』는 그 이후 오랫동안 볼 수 없었습니다. 기회가 될 때마다 찾아보곤 했지만 다시는 만날 수 없었습니다. 그러다 2014년 『난 자전거를 탈 수 있어』라는 제목으로 재출간된 그림책을 만났습니다. 옛 친구를 만난 것처럼 반가웠습니다.

『난 자전거를 탈 수 있어』는 3남매의 막내인 로타가 언니와 오빠처럼 두발 자전거를 타고 싶어 하는 이야기를 담았습니다. 겨우 다섯 살인 로타는 뭐든 요나스 오빠와 마리아 언니를 따라하고 싶습니다. 두발 자전거도 타고 싶고, 학교도 가고 싶습니다. 하지만 아직 어리기 때문에 아무것도 할 수 없습니다. 이럴 때마다 로타는 '비밀이지만 자전거도 탈 수 있고, 비밀이지만 학교도 다닌다'고 말합니다. 그만큼 언니 오빠를 따라 하고 싶은 거지요.

곧 다가오는 생일에 로타는 진짜 두발 자전거 선물을 받기를 간절히 바라고 있습니다. 하지만 가족들이 준비한 생일 선물 중에 두 발 자전거는 없습니다. 소망이 좌절되자 로타는 대담한 계획을 세웁니다. 이웃집 베리 아줌마네 창고에 있는 어른용 두발 자전거를 몰래 타기로 합니다. 베리 아줌마네 창고에서 커다란 어른용 두발 자전거를 끌고 나왔지만 제대로 될 리가 없지요. 자전거는 언덕길을 걷잡을 수 없이 쌩쌩 내려가 울타리를 들이받습니다. 로타는 여기저기 다치고, 무릎에 피도 나고 선물로 받은 팔찌까지 잃어버립니다. 로타는 설움에 복받쳐 엉엉 웁니다. 이런 마음을 알았던지 그날 저녁 아빠는 로타에게 꼭 맞는 작은 중고 두발 자전거를 사가지고 돌아오셨습니다.

> **"** 어릴 때 읽었던 책을 만나면 그 시절의 추억이 몰려옵니다. 이 책을 다시 만났을 때 옛 친구를 만난 것처럼 반가웠습니다. **"**

초등학생이었던 저는 이 책의 작가가 『내 이름은 삐삐롱스타킹』을 쓴 그 유명한 아스트리드 린드그렌인 줄은 꿈에도 몰랐습니다. 그저 로타의 말썽이 흥미로웠고 이국적인 그림에 매료되었을 뿐입니다. 특히 로타가 커다란 벚나무에 매어놓은 그네를 타는 장면은 제 인생의 그림입니다. 로타의 머리 위로 눈송이처럼 꽃잎이 분분히 날리는 그 모습을 오래 잊지 못하였습니다. 지금도 벚꽃이 피는 계절에 마음이 달뜨는 건 그래서인지도 모릅니다.

린드그렌과 비클란드는 작은 시골 마을에서 태어났습니다. 동네의 굴뚝 청소부 아저씨나 이웃집 아줌마와 한 식구처럼 지내는 그런 동네지요. 이런 마을과 가족의 모습이 동화와 그림에 잘 담겨

져 있습니다. 특히 일론 비
클란드는 위에서 아래를
내려다보는 시점으로
로타의 방이나 마을의 모습을
한눈에 보여줍니다. 가구며, 음식이며 집
안 풍경 등 그림 속 모든 것은 이국적이면서도 소
박하고 간결합니다. 저는 이 그림책을 통해 요사이 유행하는
북유럽 스타일을 일찌감치 맛보았던 셈입니다.

 10여 년 정도 시간이 흐른 후 일론 비클란드의 원화 전시회에 간 적이 있습니다. 서울시청 부근의 작은 공간이었습니다. 왜, 어떤 이유로 전시회가 열렸는지는 기억나지 않습니다. 다만 전시를 보러 간 날은 추웠고, 제가 어린 시절 보았던 『로타와 자전거』를 그린 바로 그 작가의 전시라는 걸 확인하며 흥분했습니다. 하지만 동행한 친구는 전시가 지루한지 그만 술이나 먹으러 가자고 졸라댔습니다. 누군가와 술을 나눠 먹을 수는 있지만 그 이상을 나눌 수는 없을 때도 있습니다. 비밀을 공유하지 못했기 때문입니다. 나눌 수 있는 것이 많아야 서로에게 더 소중한 사람이 되는데 말입니다.

 추억을 공유하게 되면 그 관계는 더욱 깊어집니다. 특히 어린 시절 좋아했던 것들이 머리에 떠오르면 꼬리에 꼬리를 물고 옛이야기가 샘솟습니다.

 어린 시절 좋아했던 것들이 뭐가 있었더라, 가만히 생각해보세요. 혹 떠오르는 책 한 권이 있지 않나요? 어릴 때 읽었던 책을 디

> 추억을 공유하는 일은
> 깊은 관계를 만들어내지요.
> 어릴 때 읽었던 책을 디딤돌 삼아
> 당신이 마음에 품은 그 사람과
> 더 많은 이야기를 나누어보세요.
> 어린 시절 좋아했던 그림책은
> 추억을 불러오는 지렛대이니까요.

딤돌 삼아 당신이 마음에 품은 그 사람과 더 많은 이야기를 나누어 보세요. 어린 시절 좋아했던 그림책은 추억을 불러오는 지렛대이니까요. 그 지렛대를 통해 더 따뜻한 마음을 나눌 수 있을 겁니다.

### 같은 추억을 나누고 싶은 분께 건네보세요
어린 시절 읽었던 동화를 어른이 되어 다시 수집하는 사람들이 생겨나고 있습니다. 『어릴 적 그 책』을 쓴 곽아람은 "『수학의 정석』이나 『성문종합영어』도 그 책들만큼 자주 읽진 않았다. 누가 나에게 '당신 인생을 변화시킨 책은 무엇인가'라고 묻는다면 나는 주저 없이 어린 시절을 지배했던 동화를 꼽겠다"라고 고백합니다. 린드그렌과 비클란드에 얽힌 추억을 함께 나누고 싶은 이들에게 이 그림책을 선물해보세요.

● 함께 읽어보세요 ●
『난 뭐든지 할 수 있어』
아스트리드 린드그렌 글 | 일론 비클란드 그림 | 강일우 옮김 | 창비

린드그렌의 단편을 골라 실은 동화집입니다. 로타뿐 아니라 린드그렌이 창조해낸 어린 주인공들을 여럿 만날 수 있습니다. 혹시 드라마로만 삐삐를 기억한다면, 이 책으로 린드그렌을 새롭게 만날 수 있을 겁니다.

『안나의 빨간 외투』 | 해리엣 지퍼트 글 | 아니타 로벨 그림 | 엄혜숙 옮김 | 비룡소

## 눈부신 빨강, 감사와 기쁨의 상징

거울 앞에서 자기 모습을 바라보는 안나! '몇 달 동안이나 끈기 있게' 기다려 마침내 새 외투를 입은 순간입니다. 전쟁이 끝나면 멋진 외투를 사주겠다고 한 엄마의 약속이 전쟁이 끝나고도 한 해 만에야 이루어진 순간이고요. '어제'도 없고 '내일'도 없는, 오직 '오늘'만 생각하며 살아가는 아이 안나는 지금 새 옷 특유의 그 낯선 냄새를, 그 어여쁜 빨간색을, 팔이며 어깨며 등과 배를 도톰하고도 넉넉하게 감싸는 그 포근함을, 온몸 온 마음으로 누리고 있는 참입니다.

이 장면에서 저는 번번이 시간을 거슬러 올라가, 안나 또래의 아이가 되어 벨트로 여민 체크무늬 바바리코트 차림으로 고모네 양장점 거울 앞에 서 있곤 합니다. 생애 최초의 바바리코트를 입고 흠흠 새 옷 냄새를 맡아보던 모습, 한 팔을 들어 다른 팔의 소맷부리를 살짝 쓸어보던 모습, 벨트를 좀 더 조였다가 풀어보던 모습, 목을 쑥 빼었다가 어깨를 조금 으쓱해 보이던 모습, 어색해 보이기도 근사해 보이기도 하는 자기를 수줍고도 자랑스레 바라보던 모습이 거기에 비칩니다.

새 옷을 입는 일은 특별한 일상사예요. 새로운 사물이나 존재와 관계 맺을 때의 설렘과 기쁨뿐만 아니라 그것이 오늘 이 순간 내 앞에 출현하기까지의 내력을 돌이켜보게 하지요.

그러나 안나가 빨간 새 외투를 입는 순간의 기쁨에는 그저 새 옷 한 벌을 장만한 흥분 이상의 드라마가 있습니다. 초등학교 교사 출신 작가 해리엣 지퍼트가 글을 쓰고, 홀로코스트를 피해 미국으로 망명한 폴란드 출신 일러스트레이터 아니타 로벨이 작업한 이 그림책은 잉게보르크 슈라프트 호프만의 어린 시절 실화를 바탕으

> **"안나의 모습을 보면
> 저는 번번이 그 또래의 아이가 되어
> 고모네 양장점 거울 앞에 서 있곤 합니다.
> 생애 최초의 바바리코트를 입고
> 수줍고도 자랑스레 바라보던 모습이
> 거기에 비칩니다."**

로 하고 있습니다. 실제 일어난 일을 바탕으로 하고 있는 데다가 홀로코스트를 피해 미국으로 망명한 그림 작가의 경험이 녹아 있기 때문인지 이 책에는 제2차 세계대전 직후의 궁핍한 시공간이 생생하게 재현되어 있습니다.

하지만 이야기는 스산하고 척박한 상황을 재현하는 데 그치지 않고, 한 소녀가 새 옷을 만나는 과정이 따스하게 펼쳐집니다. 읽을 때마다 감탄하게 되는 감동적인 명작이지요.

"… 외투를 새로 사줄게."

돈도 상점도 없는 전쟁 폐허에서의 겨울, 어린 딸 안나에게 우중충하게 낡고 작은 코트를 입히며 엄마가 한 그 약속은 누구도 쉬이 이룰 수 없는 소망입니다. 하지만 엄마는 지혜와 정성을 다해 한 걸음 한 걸음 나아가요. 금시계와 양털을 바꾸고, 램프와 물레질 삯을 바꾸고, 석류석 목걸이로 길쌈 삯을 바꾸고, 도자기 주전자와 재봉 삯을 바꾸는 물물교환의 이 대장정에는 기계산업에 의한 대량생산 공산품을 소비하는 현실에서 경험할 수 없는 진귀한 장면들이 반짝입니다.

엄마와 안나가 한 사람 한 사람 농부며 장인들을 찾아가 인사를 건네며 새 옷이 필요한 사연을 이야기하는 모습, 안나가 자기 옷에 필요한 털을 내어줄 양들을 찾아가 깨끗한 풀을 먹이고 크리스마스 색종이 목걸이를 걸어주며 껴안아주는 모습, 빨간색 외투를 만들기 위해 안나와 엄마가 산딸기를 따모으는 모습, 그것을 끓여서 털실을 손수 빨갛게 물들이는 장면, 재봉사 아저씨가 안나의 외투를 만들게 되어서 무척 기쁘다고 말하는 모습……, 그리고 안나를 위한 빨간 외투 만들기에 참여한 이들이 모두 모여 즐기는 파티 장면들은 알알이 보배로운 구슬 같습니다.

그럼에도 이 그림책의 가장 감동적인 지점은 안나가 농장의 양들을 찾아가서 털을 줘서 고맙다고 인사하는 마지막 장면이지요. 안나의 이 순정한 감사는 양들뿐만 아니라 전쟁 폐허 속에서 새 외투를 장만해준 엄마와 이웃들, 나아가 세상에 대해 바치는 헌사로 읽혀요. 하얀 양떼 속에서 선명하게 도드라지는 안나의 따스하고 빨간 외투. 저는 이것을 볼 때마다 안나의 마음속에 차오르는 감사와 기쁨이 저절로 느껴집니다. 빨간 외투는 바로 그것의 상징이지요.

**이 책과 함께라면 감사의 마음이 두 배로 전해질 겁니다.**
미국 마이애미 대학교 심리학 교수 마이클 맥클로우에 의하면, 우리가 감사를 하는 순간 뇌를 재설정-리셋하는 효과를 얻게 된다고 합니다. 감사의 기쁨이 사랑과 공감의 긍정적 감정을 느끼는 뇌 좌측의 전전두피질을 활성화시키면서, 승리감과 다름없는 행복감을 불러일으킨다고요.

감자 한 알도 구하기 힘든 전쟁 폐허 속에서, '안나의 새 외투 만들기'에 참여한 이웃들과 엄마와 안나 모두는 서로에게 감사하며 결핍과 불신의 시간을 넘어섭니다. 누군가에게 감사의 카드를 쓰게 될 때, 이 그림책에 끼워넣어 건넨다면 행복감도 두 배가 될 거예요.

● 함께 읽어보세요 ●

『펠레의 새 옷』
엘사 베스코브 글·그림 | 김상열 옮김 | 비룡소

『안나의 빨간 외투』보다 90년쯤 전에 만들어진 엘사 베스코프 여사의 스웨덴 그림책 『펠레의 새 옷』 마지막 장면 또한 새 옷을 입은 펠레가 양에게 인사하는 모습으로 그려져 있어요. 작아진 옷을 입은 주인공 아이가 등장해 새 옷을 입기까지의 과정을 그려낸 닮은꼴 그림책이지요.
『안나의 빨간 외투』를 만든 작가들은 그림책의 고전으로 일컫는 『펠레의 새 옷』을 흠모하는 마음으로 이처럼 같고도 다른 그림책을 만든 듯합니다.
빨간 옷의 안나와 파란 옷의 펠레를 함께 만나는 건 그림책을 통해 누리는 색다른 즐거움입니다.

「눈 오는 날의 생일」 | 이와사키 치히로 글·그림 | 임은정 옮김 | 프로메테우스

## 침묵의 의미를
## 떠올리는 생일은
## 어떨까요

함박눈이 내리는 날, 눈사람을 다 만들고 나서 벙어리 털장갑에 붙은 눈을 떼어내고 있으면 장갑 안쪽까지 축축한 기운이 느껴집니다. 공들여 만든 눈사람이 하얗고 보송보송한 것도 잠시, 곧 눈사람은 질펀하게 녹은 '아맛나' 아이스크림처럼 처량해집니다. 겨울철에는 무엇을 하고 놀든 놀이가 끝나면 아득한 기분이 들었던 것 같습니다.

아득하게 눈이 오는 날이면 생각나는 한 권의 그림책이 있습니다. 이와사키 치히로의 『눈 오는 날의 생일』입니다.

이 그림책은 눈이 오는 날에 태어난 토토가 주인공입니다. 내일이면 다섯 살이 되는 토토는 남몰래 생일을 손꼽아 기다려왔고 딱 하루 남았습니다. 그런데 오늘은 다른 친구의 생일날이어서 그 집 잔치에 초대를 받았습니다. 흥분한 토토는 엉겁결에 친구의 생일 케이크에 올라간 초를 대신 끄고 맙니다. 친구들은 그런 토토에게 한마디씩을 하지요. 자기 생일도 아니면서 남의 초를 불어버렸다고요. 당황한 토토는 친구들의 핀잔을 뒤로 하고 허둥지둥 집으로 되돌아온 뒤 방 한구석에 틀어박혀 있습니다.

괜찮다고 붙잡는 친구들도, 매달리는 강아지 치치도 다 싫었던 이 창피한 기분을 어쩌면 좋을까요. 내일이 생일인데, 부끄러운 마음을 가눌 길 없는 토토는 급기야 자기 생일날 아무도 안 왔으면 좋겠다고까지 중얼거립니다. 그리고 조심스레 덧붙이지요. 다른 건 다 필요 없고, 생일날 새하얀 눈이 내렸으면 좋겠다고요. 마치 자기가 태어난 날 그랬던 것처럼.

이와사키 치히로의 그림이 아닌 다른 그림으로도 한 아이의 머쓱함을 이만큼 생생하게 나타낼 수 있을까요? 방 한구석에 동그마니 주저앉아서 혼자라도 생일을 기다려보는 토토에게는 지금 어떤 위로도 통하지 않을 것 같습니다.

이 책의 저자인 이와사키 치히로는 독자에게 느낌을 전하는 데 몇 개의 선과 몇 마디 말만 있으면 된다는 걸 누구보다 잘 아는 작가입니다. 스스로 원치 않는 결혼을 했고 남편에게 그다지 사랑하지 않았다고 고백했으며, 남편은 결국 스스로 목숨을 끊었습니다. 이 젊은 부부에게 불행이 일어났던 시절은 일본의 동아시아 침략 전쟁이 절정에 달하던 무렵이었습니다.

남편의 죽음 전까지는 평범한 주부로 살던 치히로가 그림책을 그리게 된 데에는 두 가지 참회의 마음이 작용했다고 전해집니다. 첫째는 진심으로 사랑해주지 못했던 남편에 대한 미안함이었고 둘째는 전쟁 가해국의 국민으로서 느끼는 피해자에 대한 죄책감이었습니다. 자신이 어느 한 사람의 마음에 상처를 입혔다는 사실과 무수한 전쟁 피해자의 고통과 죽음을 밟은 채 살아 있다는 점이 치히

> **"생일은 종종 자신을 돌아보는
> 출발점이 되어주곤 합니다.
> 북적북적한 생일축하가 없어도
> 이 한 권의 그림책이 큰 힘이 되는 것은
> 그런 까닭입니다."**

로를 괴롭혔습니다.

　아픈 시대에서는 어느 지점에도 중립이란 존재하지 않는다는 것을 자각한 순간 치히로는 이전의 모든 모호한 삶과 분명한 결별을 다짐하고 본격적으로 그림책을 쓰고 그리기 시작합니다. 그림책을 통해 긴 침묵에서 벗어나 진실에 귀를 열고 반전·반핵 운동에 앞장섰으며 자신의 조국이 덮어두려 한 전쟁에 관한 왜곡된 사실을 올바로 알리기 위해서 끝까지 노력하다가 생을 마감했습니다.

　그런 그녀의 뜻을 존중해, 그녀의 흔적이 남아 있는 가정집을 미술관으로 만들어 운영 중인 치히로 미술관의 수익금 전액은 인권

운동을 위해 쓰이고 있습니다.

  진실에 귀 기울이기 위해 조용히 하는 것과 진실을 감추기 위해 입을 다무는 것은 다릅니다. 침묵의 올바른 사용법을 배우는 일은 쉽지 않습니다. 하물며 말하기를 시작하려면 용기가 필요합니다. 이 그림책을 그린 이와사키 치히로가 그랬던 것처럼 비겁한 중립의 대열에서 벗어나기 위해서는 무엇을 해야 할까요.

  눈이 오는 날은 세상의 얼룩진 발자국이 선명하게 들여다보이는 날입니다. 신문의 인쇄잉크처럼 줄지어 툭툭 찍힌 검은 발자국은 걷는 사람의 망설임까지도 고스란히 보여줍니다. 치히로는 어쩌면 다른 친구의 생일 초를 불어버린 실수 앞에서 친구와 강아지 치치와 떨어져 혼자만의 시간 속으로 들어간 토토를 통해 침묵의 사용법을 그리고 있는 건지도 모르겠습니다. 진실에 귀를 기울이기 위해, 실수와 잘못으로 인한 부끄러움을 극복하기 위해서는 우선 스스로에게 정직해지는 순간이 필요할 겁니다. 우리의 토토처럼요.

  생일은 종종 우리에게 나 자신을 돌아보는 출발점이 되어주곤 합니다. 생일 하루 전 맞닥뜨린 실수 앞에서 스스로의 부끄러움을 잘 다독인 토토가 맞이한 생일날의 풍경은 어땠을까요? 더할 수 없이 환한 표정으로 사랑스럽게 웃고 있는 토토의 표정만으로도 더불어 행복해지는 느낌입니다. 굳이 북적북적한 생일축하가 없어도 이 한 권의 그림책은 누군가의 생일날, 큰 힘이 되어줄 것입니다.

### 주변에 혹시 남 앞에 서는 걸 부끄러워 하는 분이 있으시다면

자기 자신의 행동에 지나칠 정도로 결벽증이 있어서 남 앞에 서는 일을 부끄러워하고, 지나간 일을 자주 후회하는 사람이라면 이 그림책을 선물하는 것도 좋겠습니다.

토토는 우리가 겪는 부끄러움과 민망함이 유별난 것이 아니며 충분히 그럴 수 있다고 이야기해줍니다. 더불어 그렇기 때문에 너무 오래 신경 쓸 필요가 없는 감정이라는 것도 일러주지요.

우리의 부끄러움은 우리 자신이 가장 잘 알고 있으며 다른 사람의 시선은 크게 중요하지 않습니다. 토토의 환한 얼굴이 그려진 표지는 그런 응원의 메시지입니다.

● **함께 읽어보세요** ●

『생일 축하해요』
프랭크 애시 글·그림 | 김서정 옮김 | 마루벌

고요한 생일 이야기로는 『눈 오는 날의 생일』과 선두를 겨룰 것 같습니다. 달님의 생일을 축하해 주고 싶었던 꼬마곰 달곰이가 밤하늘의 달을 따라가 생일선물로 모자를 선물하기까지의 고군분투를 담은 이야기입니다.

친구나 가족과 떨어져 외롭고 쓸쓸한 생일을 보내는 사람이라면 스스로에게 이 책을 선물해도 좋겠습니다. 달곰이가 달에게 선물을 주는 과정을 읽어보는 것만으로도 나 자신에게 격려가 되는 포근한 생일 선물이 됩니다. 끝까지 한 장면 한 장면 사랑스럽습니다.

「심야 이동도서관」 | 오드리 니페네거 글·그림 | 권예리 옮김 | 이숲

# 종이책과
# 마주하는,
# 그 순간의 기쁨

'내가 평생 읽은 책들이 빠짐없이 꽂혀 있는 책꽂이를 만난다면?'

『시간 여행자의 아내』의 작가 오드리 니페네거가 쓰고 그린 그림책 『심야 이동도서관』을 보고 이런 상상을 해봅니다. 그동안 내가 읽은 모든 책이 꽂혀 있는 도서관이라면 그곳은 나의 지난 모든 시간의 기록이라고 할 수 있겠지요. 나도 알지 못한 나, 나도 기억하지 못하는 나에 대한 이야기가 가득한 곳일 테지요.

> **"어두운 거리에서 불을 밝히고 있는 나의 이동도서관을 상상해보세요. 그곳에는 어떤 책들과 음악이 있을까요."**

『심야 이동도서관』의 주인공 알렉산드라는 애인과 싸우고 나온 어느 날 밤, 인적 없는 거리에서 낡은 캠핑카를 개조한 심야 이동도서관을 만납니다. 자신이 좋아하는 밥 말리 노래에 끌려 들어간 그곳에서 주인공은 꽂혀 있는 책들이 모두 어쩐지 낯이 익다고 생각합니다. 그러고는 곧 그 도서관의 책꽂이에 자신이 읽은 모든 것이 순서대로 꽂혀 있음을 알게 됩니다. 책뿐만이 아닙니다. 교과서·소설책·시집은 물론이고, 자신이 읽은 시리얼 포장에 일기장까지 그녀가 살아오면서 읽은 모든

> "책을 읽는 시간은
> 나와 책 사이에
> 마법이 일어나는 시간입니다.
> 밀도 높은 기쁨입니다.
> 우리는 누구나 그런 시간을 거쳐
> 지금 이 자리에 있습니다."

글이 정돈돼 있습니다.

도서관을 지키고 있던 노신사는 이 심야 이동도서관에는 사람들이 읽은 모든 책들이 각각 별도의 도서관으로 정리되어 있다며 '이곳은 당신의 도서관'이라고 말합니다. 날이 밝자 이동도서관은 문을 닫아야 했고, 그녀는 아쉬움을 가득 안고 이동도서관을 떠나보내게 됩니다.

그뒤 그녀는 밤마다 자신의 도서관을 찾아 헤맵니다. 하지만 도서관을 다시 만나는 건 자그마치 9년이나 지난 후였습니다. 그녀는 어느 날 생각지 못한 곳에서 그 이동도서관을 다시 만나게 됩니다.

'내가 읽은 모든 책의 도서관'이라는 설정은 피할 수 없이 매혹적입니다. 잠 못 이루는 어느 날 밤, 어두운 거리에서 불을 밝히고 있는 나의 이동도서관을 만난다고 상상해보세요. 그곳에는 어떤 책들이 쌓여 있고, 어떤 음악이 흘러나올까요. 거기 꽂혀 있을 책들을 읽었던 때로 단숨에 돌아가게 될 겁니다. 그 책을 읽으며 어떤 생각을 했고, 어떤 상상을 했었던가요. 어떤 책은 읽으면서 울거나 웃기도 했겠지요. 그중에서 특별히 당신을 이끌었던 '인생의 책'은 무엇인가요. 도서관을 만나기도 전에 그런 상상만으로도 마음이 설렙니다.

소설가 호르헤 루이스 보르헤스가 강연집『칠일밤』에서 "도서관은 마법의 책들이 있는, 마법의 공간"이라고 했던 말이 떠오릅니다. 그는 "마법에 걸린 책들은 우리가 부를 때에만 잠에서 깨어난다"고, "우리가 책을 열지 않으면 그 책은 글자 그대로 기하학적인 종이 더미, 수많은 것들 중 하나에 불과하지만 우리가 책을 열면 그 독자와 만나 미학적 사건이 일어나게 된다"고 했습니다.

책을 읽는다는 것은 책과 그 책을 읽는 사람 사이에 일어나는, 아주 개인적인 사건이자 마법 같은 순간입니다. 온전히 책에 몰두했을 때 얻을 수 있는 기쁨의 밀도는 아주 높습니다. 많든 적든 그동안 읽어온 책들과 그 책들을 읽으며 누린 여러 감정들, 느낌들을 떠올려보세요. 우리들은 누구나 그런 숱한 마법의 시간을 거쳐 지금 이 자리에 있습니다.

책의 운명에 대해 비관적인 이야기들이 많이 나돕니다. 어쩌면 종이책이 영영 사라질지도 모른다는 전망도 새로울 것이 없을 만

큼 종이책의 쇠락은 기정사실처럼 여겨지기도 합니다. 그런 무수한 전망처럼 어쩌면 머지않아 종이책이 모두 사라질 날이 올지도 모르겠습니다.

하지만 아무리 기술이 발전해서 편리함과 휴대성이 좋아진다고 해도, 저는 종이책이 사라진 세상이 오기를 바라지 않습니다. 책이라면 역시 종이책이 제일 좋습니다. 손에 들었을 때 쥐어지는 적당한 무게감, 페이지를 넘길 때의 감촉, 다시 읽고 싶은 문장엔 펜으로 줄을 긋기도 하지요. 어떨 때는 빈 공간에 그때그때의 느낌과 생각을 적어두기도 합니다. 시간이 지나면 종이는 바래고, 손때가 묻습니다. 때론 더 이상 팔리지 않아 절판의 운명을 겪는 것도 책의

숙명이지요. 그렇지만 세상 어딘가에 꼭꼭 숨어 있다가 수백 년 뒤 또 어디에선가 우연히 발견되어 새로운 독자와 마법의 순간을 만들어내는 것도 종이책이라면 기대해볼 만한 일입니다.

그런 종이책의 시대가 저물어간다니, 세상의 흐름이야 제 힘으로 막을 수 없는 일이지만, 막상 종이책이 사라진 세상이 온다면 저는 무척 아쉬울 것 같습니다. 그나마 다행스러운 건 저는 여전히 멋진 종이책의 세상에 살고 있다는 것입니다.

손을 뻗으면 언제나 종이책이 있습니다. 책을 펼치기만 하면 책과 저만이 아는 은밀하고도 멋진 마법의 순간이 펼쳐집니다. 책을 읽는 기쁨이 바로 거기에 있습니다.

### 책을 좋아하는 분이라면 그 누구에게나

책을 좋아하는 사람에게 이 그림책은 많은 것을 생각하게 합니다. 자연스럽게 자신만의 이동도서관을 생각할 것이고, 거기에 어떤 책이 꽂혀 있을지 떠올려보겠지요. 책 목록을 통해 자신에게 돌아오는 경험, 참 뭉클합니다. 빈 서가엔 앞으로 어떤 책을 꼽고 싶은지도 자연스레 생각하게 됩니다. 한번쯤 상상해보시죠. 당신만의 이동도서관을.

● 함께 읽어보세요 ●

『윌리의 신기한 모험』
앤서니 브라운 글·그림 | 서애경 옮김 | 웅진주니어

세계적인 그림책 작가이자, 한국인이 특별히 사랑하는 앤서니 브라운이 만든 주인공 중에서 가장 따뜻한 캐릭터인 윌리가 주인공이 돼 여러 명작 탐험에 나섭니다. 윌리는 차례로 『로빈슨 크루소』 『보물섬』 『로빈 후드』 『부싯깃 통』 『피터팬』 『이상한 나라의 앨리스』 『오즈의 마법사』 『라푼젤』 『버드나무에 부는 바람』 『피노키오』 등의 작품 속에 뛰어들어 결정적 순간의 주인공이 됩니다. 그림을 보는 것만으로도 즐겁습니다.

『아름다운 책』
클로드 부종 글·그림 | 최윤정 옮김 | 비룡소

책에 대한 그림책이라면 클로드 부종의 『아름다운 책』을 빼놓을 수 없습니다. 책 한 권을 발견하게 된 토끼 형제가 다양한 책의 용도를 보여줍니다. 이 어린 토끼 형제의 혼을 쏙 빼는 재미있는 이야기는 물론이고. 이들을 잡아먹으려는 여우의 머리를 책으로 내리치는 것까지. 책이란 이렇게 다양한 쓰임이 있다는 이야기, 유쾌합니다.

『비오는 날의 소풍』 | 가브리엘르 뱅상 글·그림 | 김미선 옮김 | 시공주니어

## 인생의 비에
## 대처하는
## 우리의 자세

    기쁨만 가득한 삶도 없고, 절망만 있는 삶도 없습니다. 마냥 행복할 수만은 없는 것처럼, 고통도 언젠가 끝나는 때가 있습니다. 자신의 삶에서 기쁨과 슬픔, 희망과 절망, 사랑과 미움, 즐거움과 짜증이 어느 정도 비율로 섞여 있는지 잠깐 생각해보세요. 점수가 괜찮은 편인가요.

    만약 모든 사람에게 객관적으로 똑같은 양의 기쁨과 슬픔이 주어졌다고 가정해보시죠. 그렇다면 모든 이들이 계산해낸 자신의 행복 비율은 똑같을까요. 당연히 그렇지 않을 겁니다. 컵에 반쯤 남은 물을 어떻게 보느냐가 사람에 따라 다르듯 말입니다. 다 아는 이야기 있잖습니까. 같은 물을 보고도 '반이나 남았다'고 하는 이들이 있는가 하면, '반밖에 안 남았다'고 하는 이들이 있다는 이야기.

    사람들마다 자기가 추구하는 인생의 목표가 있고, 놓칠 수 없는 가치가 다르지만 누구나 행복한 삶을 살기를 바란다는 점에서는 같습니다. 그런데 여기에 삶의 마법이 작용합니다. 똑같은 상황에서 똑같은 행복과 만족을 느끼는 것이 아니라는 사실이지요. 같은 상황에서 누군가는 불행하기만 하고, 누구는 행복하기도 합니다.

그렇게 다른 결과를 만들어내는 것이 삶이 주는 놀라운 비밀인 것도 같습니다. 그 비법은 생각보다 간단합니다. 말은 언제나 늘 쉽긴 하지만요. 상황을 좀 다르게 바라보는 것, 생각을 전환해보는 것, 생각의 프레임을 바꿔보는 것이 바로 같은 상황을 다르게 만들어내는 마법입니다.

그림책 작가 가브리엘 뱅상의 『비 오는 날의 소풍』은 이 아름다운 삶의 마법을 한 수 가르쳐 줍니다. 사랑스런 꼬마 여자아이 셀레스틴느는 다음 날 소풍 갈 생각에 한껏 부풀어 있습니다. 셀레스틴느와 그를 돌보는 에르네스트 아저씨는 먹을 것을 싸고 만반의 준비를 합니다.

> "우리 비 안 오는 셈 치고 소풍 갈까?"
> 얼마나 통쾌한 상황 역전인가요. 사실 비 온다고 소풍을 못갈 일은 없습니다."

드디어 소풍날이 밝았습니다. 그런데! 절대 벌어지면 안 될 일이 일어납니다. 우리 모두 한 번쯤 이런 경험 있지 않을까요? 소풍 날 아침, 세상에 비가 내립니다. 잔뜩 기대했을 꼬마의 상심이 얼마

나 클지 단박에 이해 됩니다. 창가에 기댄 셀레스틴느의 낙심한 어깨를 저라도 따뜻하게 다독거려주고 싶습니다. 에르네스트 아저씨의 위로에도 셀레스틴느는 울기만 합니다.

그런데, 이때 에르네스트 아저씨는 누구나 할 수 없는 아주 색다른 제안을 합니다. 비는 내리지만, 비가 안 오는 셈 치고 소풍을 가자고 말입니다. 얼마나 통쾌한 상황 역전인가요. 비가 내리지 않는 셈 치고 소풍을 떠나자는 게 말이 되나요? 그런데, 잠깐 생각해보면 말이 안 될 것도 없습니다. 사실 비 온다고 소풍을 못 갈 일은 없죠. 생각을 바꾸면 그 순간 세상이 바뀝니다.

셀레스틴느는 당장에 그러자고 따라나섭니다. 흥분으로 발끝을 세우고 선 셀레스틴느는 눈동자까지 빛이 나는 듯합니다. 둘은 비옷을 입고 우산을 쓰고 빗속으로 뛰어갑니다. 비가 와도 우리를 막지 못한다는 콧노래까지 부르면서요. 지나가는 이들이 이런 날씨에 어린 셀레스틴느를 데리고 어딜 가느냐고 편잔을 줘도 이들

> "생각을 바꾸면 그 순간 온 세상이 바뀝니다.
> 둘은 빗속으로 뛰어갑니다.
> 비가 와도 우리를 막지 못한다는 콧노래까지 부르면서요.
> 이들에겐 내리는 비도 즐거운 일이 됩니다."

의 귀에는 들리지 않습니다. 이들에겐 내리는 비도 즐거운 일이 됩니다.

살아가면서 내 맘처럼 되지 않는 일들이 한두 가지인가요. 정성껏 준비한 일이 수포로 돌아갈 때도 많고, 열심히 했는데 기대만큼 잘 안 될 때도 허다하지요. 마음이 상하고, 스스로 자꾸 작아지려 할 때, 그렇게 인생에 비가 내릴 때 저는 간혹 셀레스틴느를 떠올립니다. 마치 제 마음의 낙심을 달랠 마법의 카드처럼 말이지요.

여러분도 그럴 때가 있으실 겁니다. 그런 순간이 온다면 이 마법의 카드를 꺼내보는 건 어떨까요. 비가 오면 어때, 이런 마음으로 빗속으로 뛰어가는 거죠. 삶이 미처 준비하지 못한 열쇠를 내 속의 에너지로 만들어내는 거죠. 이렇게 주문을 외워보면서요. "비가 오면 어때. 비가 안 온 셈 치고 소풍 갈까?"

### 세상사에 지쳐 있는 친구에게 응원의 한마디 대신

이 세상에 의기소침해질 일은 넘치고 또 넘칩니다. 시험이든, 직장 생활이든, 인간관계이든, 연애까지 모든 일로 지친 친구에게 권하고 싶습니다. 어깨 탁 치면서. 우리 인생에서 비가 내릴 때도 있는 법이야. 비가 그치면 해도 뜨겠지. 따뜻한 해가 말이지. 이렇게 이야기 하면서 말이죠.

● 함께 읽어보세요

『반이나 차 있을까 반밖에 없을까』
이보나 흐미엘레프스카 글·그림 | 이지원 옮김 | 논장

같은 산이지만 어떤 사람에게는 높고, 어떤 사람에게는 낮게 보입니다. 또 작은 자동차를 가진 사람은 큰 자동차를 가진 사람에게는 가난하게 보이지만, 자동차가 없는 사람은 부자라고 생각합니다. 아주머니는 소녀에 비해 늙었지만 할머니에 비해 젊습니다. 폴란드 태생의 이보나 흐미엘레프스카가 이 세상이 얼마나 상대적인가를 보여줍니다. 일이 마음대로 안 돼 마음이 끝없이 추락할 땐, 참 어렵지만 세상을 좀 다른 눈으로 바라보는 것도 필요합니다. 그렇다고 모든 문제가 해결되는 건 아닙니다. 하지만, 어쩌면 지금과는 다른 마음으로 주어진 상황을 바라보게 될 수도 있지 않을까요.

• 『비오는 날의 소풍』은 2015년 7월 황금여우에서 햇살과 나무꾼 번역으로 다시 출간되었습니다.(편집자 주)

「워거즐튼무아」 | 미오츠카 쿄오코 글 | 오오소코 레이코 그림 | 송영숙 옮김 | 바람의아이들

# 오늘 당장
# 명랑한 처방전이
# 필요한 당신께

"자, 이제 정신 차리고 하던 일이나 합시다."

퇴근이 가까워지는 오후, 사무실에서 이런 말이 들린다는 건 아직 할 일이 많이 남았다는 얘기입니다. 가라앉는 몸을 깨워보지만 일거리 앞에 앉으면 도로 눈이 감깁니다. 아침부터 벌써 몇 시간을 눈 돌릴 틈도 없이 일했는데 '배터리'가 남아 있으면 비정상이겠지요. 일이 많으면 사람을 더 채용해야 할 텐데 있는 사람도 내보내는 판국입니다. 옆 사무실은 더 짜다니 도망갈 데도 없어보이고 '무슨 낙이 있어야 일을 하지'라는 한탄이 절로 나옵니다.

무슨 그림책을 꺼내본들 이런 기분이 나아질 리가 없습니다. 누가 내 대신 일이라도 해준다면 모를까 감히 책 한 권 따위가 어떻게 나를 위로한단 말인가요. "죄송하지만 전혀 머리가 안 돌아갑니다, 부장님"하고 다 던져버린 채 사무실 문을 나서고 싶습니다. 하지만 그런 날은 꼭 내가 아니면 절대 안 되는 '반드시 처리해놓고 가야 하는 일'이 백만 가지쯤 기다립니다.

『워거즐튼무아』는 어떻게든 오늘의 고비를 넘겨야 할 때 사용할 수 있는 짧은 주문을 가르쳐주는 책입니다. 책 제목이 바로 그 주문의 일부입니다.

얼토당토않은 얘기 같지만 마음이라는 게 참 이상해서 뜻 모를 주문이라도 외우면 답답하던 가슴이 좀 뚫리기도 합니다. 이 그림책의 주인공인 왕자는 문제의 주문 덕분에 효과를 좀 본 사람입니다. 그는 폭풍 잔소리를 들으며 날마다 수학, 국어, 지리, 역사, 법률, 외국어, 천문학, 승마, 활쏘기, 검술, 음악, 춤, 예의범절 등을 끝없이 공부해야만 했습니다. 엎친 데 덮친 격으로 부모님인 왕과 왕비는 한 달간 여행을 떠나면서 '그 사이에 공부를 더 많이 해놓도록 하라'는 명령을 내렸습니다. 휴가 가면서 "나 없는 사이에 더 열심히 일하도록!"이라고 말하는 사장님 저리가라입니다.

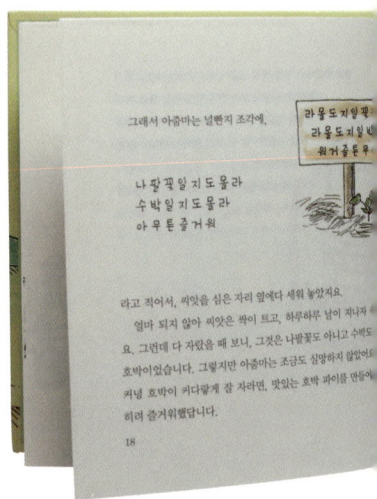

왕자는 언젠가 궁궐 밖 나들이를 갔다가 보았던 텃밭의 글귀를 생각했습니다. 텃밭에는 이름 모를 식물이 자라고 있었고 그 곁에 꽂힌 널빤지에는 '라몰도지일꽃팔나 라몰도지일박수 워거즐튼무아'라고 쓰여 있었습니다. 이 말을 외우면 신기하게도 기분이 살짝 나아졌습니다.

이 신통한 주문은 사실 텃밭의 주인인 뚱보 아줌마가 써놓은 것입니다. 뚱보 아줌마는 부엌을

청소하다가 이름 모를 작고 까만 씨앗 한 알을 발견했습니다. 동네 사람들에게 물었더니 답이 다 달랐습니다. 누구는 나팔꽃 씨앗일 거라고 하고, 누구는 수박씨라고 했습니다.

뚱보 아줌마는 이 씨앗이 무엇으로 자라더라도 아무튼 즐거운 일이라고 생각했습니다. 그래서 정성껏 씨앗을 심고 널빤지 조각에 '나팔꽃일지도 몰라 수박일지도 몰라 아무튼 즐거워'라고 적어둔 것입니다.

살아가는 일도 그렇습니다. 오늘 하는 일이 내일 어떻게 될지는 아무도 모르죠. 지금 뿌린 씨앗이 뭐가 되어 나올지 모르는 순간이 어디 한두 번인가요. 그렇게 뿌려진 씨앗은 또 어떤가요. 손바닥만큼이라도 햇빛을 보려고 달려들어야 조금씩 자랄 수 있습니다. 그렇게 하루하루가 힘겨운 분투의 나날입니다.

'더 더 많이 공부할 것'이라는 숙제를 떠안은 왕자는 계속 주문을 외우면서 폭풍 수업을 버텨냈을까요. 그랬을 리가 없습니다. 주문 외우기로도 해결이 되지 않는 정점에서 "이제는 아무것도 못하겠다."고 폭발해버린 뒤 책도 안 보고 물 한 모금 먹지도 않습니다. 주문은 주문일 뿐 정신적, 육체적 위기에 대한 근본적인 해결책이 될 수는 없었던 것이지요.

신하들은 신통한 주문을 만든 뚱보 아줌마를 찾아 나섭니다. 뚱보 아줌마는 마음의 병을 고치기 위한 특제 '워거즐튼무아' 호박파이를 굽기 시작합니다. 이 파이를 먹고 왕자가 효과를 보기 위해서는 반드시 시원한 바람이 부는 한가로운 곳에서 가장 편안한 옷을 입고 친한 친구들과 함께 먹어야 한다는 것이 단서입니다. 신하들은 왕자를 살리기 위해서 그 처방을 따르고 왕자는 비로소 답답한 궁전에서 빠져나와 꿈꾸던 자유를 즐깁니다. 물론 호박파이는 최고의 맛이었습니다. 지치고 힘든 나날에 기쁨의 순간이 찾아온 것입니다. 그렇게 한가한 여유와 맛있는 음식을 통해 온전한 휴식을 얻은 후에야 왕자는 비로소 뭔가를 하고 싶은 상태로 되돌아갈 수 있었습니다.

이게 어디 그림책 속 왕자만의 이야기이겠습니까. 몰입과 효율과 경쟁만을 부르짖는 세상에서 산더미 같은 일을 해치우며 살아온 우리들에게 필요한 것은 '워거즐튼무아' 같은 주문이 아닙니다. '나는 할 수 있어'라는 도돌이표 같은 다짐도 아닙니다. 우리에게도 왕자에게처럼 바로 휴식의 처방이 필요합니다. 힘들 때는 정말 힘들다고 주위 사람들에게 반드시 말해야 하는 건 물론입니다. 그렇지 않으면 힘들다는 말을 할 수 있는 힘조차 사라지고 스스로 깨닫지 못하는 사이에 몸도 마음도 무너져버립니다.

하지만, 내일 당장 맞춤한 휴식을 취할 수 없는 것이 대부분일 오늘 밤, 지금 당장 지친 마음을 다독이고 싶다면 한 잔의 술, 한

"무슨 그림책을 꺼내본들
기분이 나아질 리 없습니다.
감히 책 한 권 따위가 어떻게
나를 위로한단 말인가요.
하지만 어떻게든
오늘의 고비를 넘겨야 할 때
사용할 수 있는 짧은 주문을 이 책은
가르쳐줍니다."

잔의 커피보다는 이 투명한 수채화와 드로잉으로 그려진 맑은 그림책을 펼쳐보길 권합니다. 그리고 내킨다면 조용히 따라 읊어보세요.

'라몰도지일꽃팔나 라몰도지일박수 워거즐튼무아'

이 명랑한 주문은 오늘 밤 하루 정도는 가뿐히 견딜 만큼의 에너지를 줄 테고, 그 에너지는 하룻밤이 지난 후에도 한동안은 건강한 위로의 힘을 발휘해줄 것입니다.

#### 명랑 처방전의 새롭고도 기발한 사용법

햇빛과 바람이 좋은 계절, 가까운 사람들과 상쾌한 바깥나들이를 계획하고 있다면 이 그림책을 읽어보세요. 이 그림책에는 보기만 해도 기분이 좋아지는 단체 피크닉 장면이 나옵니다.

뚱보 아줌마가 준비한 왕자와 친구들의 파티입니다. 요리사는 클럽샌드위치와 노릇노릇한 닭다리 구이를 들고 서 있고, 바구니에는 오렌지와 사과가 가득 담겨 있으며, 거대한 특제 호박 파이가 놓인 돗자리에는 신선한 포도주와 주스도 준비되어 있습니다. 등 뒤로는 잔잔한 강물이 흐르고 푸른 잔디밭에는 강아지와 고양이도 함께 와서 뛰어놉니다.

보면 볼수록 우리가 꿈꾸는 가장 이상적인 '워거즐튼무아' 피크닉 장면입니다. 이 책의 메뉴를 보면서 그대로 나들이 도시락을 준비해도 좋을 것 같아요.

● 함께 읽어보세요 ●

『난 곰인 채로 있고 싶은데…』
요르크 슈타이너 글 | 요르크 뮐러 그림 | 고영아 옮김 | 비룡소

『워거즐튼무아』속 왕자님은 아무리 고단해도 왕이 될 사람입니다. 나라를 잘 다스리기 위해서는 열심히 공부하는 것이 마땅하지요. 물론 그의 고단함과 피곤함도 위로를 받아야 하겠지만요.
하지만 『난 곰인 채로 있고 싶은데』의 주인공은 사정이 또 다릅니다. 숲속 동굴에서 겨울잠을 자던 곰은 잠에서 깬 어느 봄날 자신이 머물렀던 동굴 부근이 거대한 회색의 공장지대로 변했다는 것을 알게 됩니다. 공장 감독에게 붙잡힌 곰은 한 사람의 노동자로 취급되어 공장에 끌려가 컨베이어 벨트에서 일하게 됩니다. 그가 곰이라는 사실을 아무리 주장해도 귀 기울여주는 사람은 하나도 없었습니다. 그저 일하는 기계로 바라볼 뿐이었어요. 상명하복의 답답한 시스템과 그 안에서 자기 존재 증명을 위해서 분투하는 곰의 이야기가 가슴 아프면서도 우스꽝스럽게 그려집니다. 우여곡절 끝에 공장을 벗어난 곰은 모텔에 들어가 쉬면서 밀려오는 잠을 청하려고 합니다. 그러나 그곳에서 비로소 '당신은 곰이기 때문에 들여보내줄 수 없다'는 거절의 말을 듣게 되죠. 일꾼이 필요할 때는 그가 누구든 상관 않고 붙잡아 놓지만 정당한 휴식을 향유할 때는 냉정하게 외면하는 이 사회의 모습과 너무나도 닮은 풍경입니다.
우리들의 일터는 어떤가요. 즐거운 여가는커녕 정당한 휴식도 핑계와 꾀병으로 여기는 경우가 많습니다. 이곳에서 내가 교체 가능한 기계의 부품으로 취급당하지 않고 당당한 한 존재로 인정받기 위해서 우리는 무엇부터 바꾸어나가야 할까요. 고민이 많아지는 그림책입니다만 마지막 장면, 숲으로 들어가 겨울잠을 청하는 곰의 모습은 이상할 정도로 평안한 위로를 안겨줍니다.

「수영장」 | 이지현 글·그림 | 이야기꽃

## 온몸으로 느끼는 물속 세상의 기쁨

후덥지근한 여름이 찾아오면 간절하게 수영장이 그리워집니다. 심장이 멎는 듯 차가운 수영장의 물결 소리가 귓가에 환청처럼 퍼집니다. 아마 물을 헤쳐나가는 그 느낌을 온몸이 기억하는 건 아닌가 싶습니다.

이지현의 『수영장』을 넘기다, 어쩌면 저는 수영보다 온몸으로 물을 만나는 기쁨을 더 즐기는 건 아닌가 싶더군요. 물살을 가르며 앞으로 나아가던 그 느낌, 세상을 자유롭게 헤엄치는 환희를 더 좋아하는 건지도 모르겠습니다.

물에 떠서 조금씩 앞으로 헤엄쳐가면 귓등을 타고 물결이 출렁거립니다. 햇살이 비스듬하게 물속을 비추기도 합니다. 중력의 지배를 받는 땅에서 내 몸은 너무도 무겁지만, 물속에서는 깃털처럼 가볍습니다. 힘만 빼면 온몸이 두둥, 하고 물 위에 떠오릅니다. 물에 온몸을 맡기면, 아등바등 먹고 살려고 기를 쓰지 않아도 될 것만 같습니다.

> **힘만 빼면 온몸이 두둥, 하고 떠오릅니다. 물에 온몸을 맡기면, 아등바등 먹고 살려고 기를 쓰지 않아도 될 것만 같습니다.**

물론 처음부터 그랬던 건 아닙니다. 그림책 속 소년도 수영장 앞에서 많이 망설였습니다. 네모난 수영장 한쪽 끝에 서 있는 소년은 등도 구부정하고 불안해보입니다. 소년이 주저하는 사이 한무더기의 사람들이 수영장으로 몰려옵니다. 금방 수영장은 목욕탕이 되어버렸습니다. 어쩔까. 소년은 수영장에 걸터앉아 물에 발을 담그고 사람들을 쳐다봅니다. 그냥 가버릴까 고민하나봅니다. 아, 한데 소년은 뭔가 결심을 한 모양입니다. 그렇습니다. 다이빙입니다!

이제, 지금까지 보여준 단색 톤을 거두고 그림책은 컬러의 세계를 보여줍니다. 소년은 비좁은 수영장 속으로 다이빙해 더 깊이 들어갑니다. 넓고 광활한 바다가 펼쳐집니다. 귀가 따가울 만큼 북적거리던 사람들의 아우성은 사라지고 고요와 정적이 흐릅니다. 바닷속에 무엇이 숨어 있든 몸을 내어 맡긴 자만이 느낄 수 있는 기쁨입니다.

사람들이 물놀이인지 악다구니인지 모르게 한나절을 보내고 지

처 돌아갈 때 소년도 물 밖으로 나옵니다. 첫 장면에서 보았던 소년과 같은 사람일까 싶을 만큼 생기가 넘치는군요. 그에게서 바다 냄새가, 아니 자유의 냄새가 납니다. 소년이 만난 바닷속 세상은 꿈일지언정 꿈인 것만은 아니겠지요.

『수영장』은 일러스트레이션 학교 HILLS를 졸업한 이지현 작가의 첫 작품입니다. 미국, 스페인, 프랑스, 스웨덴, 이탈리아에서도 출간된 책입니다. 색연필의 터치가 그대로 느껴지는 연한 푸른빛으로 바다를 표현했습니다. 바다라고 두려워하지 않아도 좋을 것

> "귀가 따가울 만큼 북적거리던
> 사람들의 아우성은 사라지고
> 고요와 정적이 흐릅니다.
> 그에게서 자유의 냄새가 납니다.
> 소년이 만난 바닷속 세상은 꿈일지언정
> 꿈인 것만은 아니겠지요."

같은 편안한 파란색입니다. 겁먹지 말고 누구든 뛰어들라고 속삭이는 듯합니다.

비록 수영은 잘 못하지만 종종 멋지게 물을 가르며 나아가는 꿈을 꿉니다. 배우기 힘들지만 몸으로 배운 것들은 잘 잊히지 않습니다. 자유형을 하기 위해서는 숨 쉬는 법, 팔을 젓는 법, 발을 차는 법을 하나하나 배워야 합니다. 그러고 나면 지금까지 배운 것들을 잊고 그저 몸을 따라가면 됩니다.

애초부터 몸으로 하는 일들을 잘하는 이도 있지만 몸치도 많습니다. 몸으로 중력을 거슬러 오르는 기쁨은 해본 사람만이 압니다. 손으로 물살을 가르고 나아가거나, 무거운 바벨을 하늘을 향해 들어올렸을 때의 느낌은 고통스러우면서도 짜릿합니다.

늘 정신이 육체를 지배한다고 생각했습니다. 정신력이 제일 중요하다고 믿었습니다. 그러나 살아보니 육체는 마음의 집입니다. 낡은 집에 살면 마음도 슬퍼집니다. 골다드린 책 『수영장』을 집 안 좋은 곳에 두고 몸이 들려주는 소리를 들어보십시오. 몸은 기쁘면 기쁘다고 말하고 아프면 아프다고 말합니다. 몸이 들려주는 소리는 정직합니다. 그 소리에 귀를 기울이면 머지않아 무언가 몸을 쓰는 일이 하고 싶어질 테지요.

## 물속 세상을 즐기기 위한 또다른 준비물

대개의 아이들은 본능적으로 물을 좋아합니다. 수영장에 가면 하루 종일 물을 떠나지 않고 놀고 놀고 또 놀지요. 입술이 새파래질 때까지요. 한여름에 수영장에 아이들을 데리고 가기 전에 읽어보면 좋겠습니다. 혹은 지나가버린 여름을 추억하며 읽어도 좋습니다. 글 없는 그림책이지만 소년과 소녀와 고래가 들려주는 이야기들이 그림 속에 가득 담겨 있습니다.

● 함께 읽어보세요 ●

『할머니의 여름 휴가』
안녕달 글·그림 | 창비

매년 여름에만 활동하는 가수들이 있었는데, 안녕달은 『수박 수영장』에 이어 또 한 권의 여름용 그림책을 선보였습니다. 선풍기도 고장난 옥탑방에서 혼자 여름을 보내는 할머니가 잠깐 바닷가로 놀러 다녀온 이야기를 귀엽게 담아냈습니다. "바다에 가면, 인생의 답이 있을 것 같았어. 모래성처럼 금방 사라질 꿈이라도"라고 말했던 안녕달의 속삭임처럼 바다는 참 묘한 곳입니다. 여름이지만 바닷가 근처에도 못 갔을 엄마와 할머니에게 이 책을 선물하고 함께 바닷가에라도 다녀오면 어떨까요.

「백다섯 명의 오케스트라」 | 칼라 쿠스킨 글 | 마크 사이먼트 그림 | 정성원 옮김 | 비룡소

## 음악의 기쁨을 누리고 싶은 당신께 드리는 초대장

시대를 초월하는 가치를 지닌 예술은 당대에 유행하는 작품에서 맛볼 수 없는 힘과 품격의 감흥을 경험하게 해줍니다. 클래식 음악을 즐긴다는 것 또한 그런 초월성과 불멸성을 일상에서 접하는 일이라고 생각해요. 고급취향이라고 주눅 들거나 외면할 일은 아니라는 얘기지요. 물론 클래식을 즐기기 위해서는 어느 정도 공부가 필요한 것도 사실입니다. 많이 알수록 그 즐거움이 확실히 커지는 세계이니까요.

그래서 더욱 다정한 안내가 필요한 입문자에게 『백다섯 명의 오케스트라』를 건네곤 합니다. 마음먹고 클래식 연주회 티켓을 예매했을 때 설레는 마음으로 펼쳐들기에도 아주 좋답니다.

바이올린 케이스가 비스듬히 놓여 있는 화장대 앞에서 레이스 속치마 차림 여성이 양팔을 번쩍 쳐든 채 검은 드레스를 머리 위로 꿰어 입는 표지 그림부터가 흥미롭습니다. 이어서 펼쳐지는 빨간색 면지도 가슴 뛰게 만들지요. 표지라는 대문을 열고 그림책 세계로 들어가는 빨간 디딤돌을 밟으면서, 그림책 마니아들은 눈치챕니다. '예술적인 주제를 다루겠구나'라고요.

첫 장면은 마치 영화의 도입부 같습니다. 짙은 핑크빛 저녁 하늘을 배경으로 빌딩과 아파트가 늘어선 도시 실루엣이 펼쳐진 가운데 담담하고 세련된 목소리가, 글이, 이야기를 시작합니다. 때는 금요일 저녁, 시내와 교외 여기저기에 흩어져 살고 있는 백다섯 명이 일제히 불을 켜고 일하러 나갈 준비를 시작한다고요. 그러고는 엉뚱하게도 남자 아흔두 명과 여자 열세 명이 차례차례 등장하며 어떤 옷을 어떻게 어떤 자세로 입는지, 더없이 구체적으로 세세히 보여줍니다.

어떤 그림책에서 이처럼 많은 사람들이 양말 신고 속옷 입는 장면들을 볼 수 있을까요? 게다가 사람의 생김새만큼이나 옷 입는 것, 양말 신는 모습도 제각각인 걸 보고 있노라면 입이 다물어지지 않습니다. 주변 사람들의 일상 속의 습관, 자세, 몸짓에 대해 얼마나 주의 깊게 관찰하고 생각했으면 이런 세심한 특징을 살려냈을까 문득 궁금해질 정도로 말이지요.

온갖 몸짓과 자세를 사실적으로 그려내면서도 볼썽사나운 이미지를 살짝살짝 비껴가는 재치 또한 감탄할 만합니다. 다양한 속옷 입기에 이어 겉옷 입는 모습의 그림들 하나하나도 눈길을 붙듭니다.

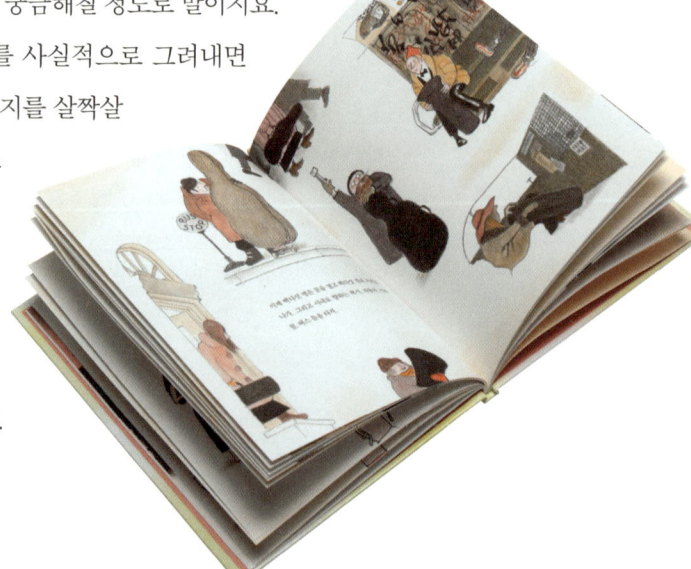

물론 이 모든 몰입은 훌륭한 그림책에서만 즐길 수 있는 '글 이상의 그림'과 '그림 이상의 글'이 이루는 멋진 싱크로나이즈드 또는 오버랩 덕분이지요. 그렇게, 품격 있는 글과 그림이 마주보며 우아하고도 경쾌하게 왈츠를 춥니다.

외출 준비를 끝낸 연주자들이 가족이며 반려동물들과 인사 나누는 모습, 집을 나서고 택시를 타거나 지하철 또는 버스를 탄 채 다양한 자세로 자기가 연주할 악기를 건사하는 모습은 어쩐지 반가운 마음을 불러일으킵니다. 그 곁에 내가 서 있는 것 같달까요. 그래서인지 이따금 실제로 지하철 승강장이나 택시 승차장에서 악기와 함께 서 있는 이를 보게 될 때면, 그림책의 이 장면을 떠올리며 괜히 친숙한 마음이 들곤 해요.

연주회장에 도착한 이들이 마침내 무대에 오르는 모습, 악기를 나르고 조율하고 자기에게 맞는 의자를 찾아 앉는 모습은 묘한 긴장감을 불러일으킵니다. 그리고 마침내 지휘자가 보무도 당당하게 등장하면서 단원들이 연주를 시작하는 모습에서는, 연주회장에서 지켜보는 것처럼 정확하게 그려진 단원들의 손과 자세 덕분에 지금 막 음악이 흘러나오는 듯해요. 그러니 여기서 잠깐 호흡을 고르며, 쇼스타코비치 교향곡이나 왈츠곡 한 곡쯤 들어야 합니다. 그림책 또한 연주가 한창인 가운데 끝나기 때문에, 이래저래 뒷표지를 덮고 일어날 수가 없거든요.

이 매력적인 그림책의 제작 배경을 후배들과 함께 탐색한 적이 있어요. 칼라 쿠스킨의 담담하고도 우아한 글을 접하자마자 이름난 편집자들- 샬롯 졸로토우와 니나 이그나토비치는 곧장 그림 작가로 마크 사이먼트를 지목했다고 해요. 유머러스하면서 편안한 그림을 그리는 마크 사이먼트가 이 책의 내용을 가장 잘 표현하겠다고 생각한 거지요. 마크 사이먼트의 그림은 탁월한 선택이었고, 우리는 그의 뛰어난 관찰력과 세심한 표현력 덕분에 언제 어디서든 '금요일 저녁'의 클래식 연주를 즐기게 된 거지요. 불멸의 음악에 기대어 잡다하고 남루한 일상의 소음을 잠시 잊는 시간 속으로, 누구든지 초대해보세요.

**한 권의 그림책이 당신을 음악의 세상으로 안내합니다.**
클래식 음악을 낯설어하는 이를 연주회장으로 초대할 수 있는 멋진 그림책입니다. 클래식 음악 애호가가 취향이 다른 연인 때문에 안타까워하다가 이 그림책을 선물한 덕분에 나란히 연주회장에 앉게 되었다는 식의 사랑스러운 에피소드를 직접 경험할 수 있을 거예요. 연인 또는 친구들이 미리 그림책에서 만난 무대 위의 연주자 한 사람 한 사람을 다정한 마음으로 바라보면서, 그들이 안고 온 악기며 그 악기에서 흘러나오는 음악을 각별한 마음으로 즐기게 되지요.

● 함께 들어보세요 ●

〈쇼스타코비치: 교향곡 5, 9번〉
레오나드 번스타인 지휘 | 뉴욕 필하모닉 연주 | 소니 클래식

1982년에 출간된 이 그림책에 그림을 그린 마크 사이먼트는 뉴욕을 중심으로 활동하는 일러스트레이터입니다. 그러니 아마도 여기에 등장하는 오케스트라는 뉴욕 필하모닉이 아닐까 추측해봅니다. 세계인이 사랑하는 교향곡 중 하나인 〈쇼스타코비치의 교향곡 5, 9번〉은 제가 이 책을 읽을 때 함께 듣는 음악입니다. 특히 1959년부터 10년간 뉴욕 필하모닉을 이끌었던 레너드 번스타인의 지휘로 연주된 것을 추천합니다.

『날마다 날마다 놀라운 일들이 생겨요』| 신시아 라일런트 글 | 코코 다울리 그림 | 이경혜 옮김 | 문학과지성사

# 일상의
# 경이로운 순간을
# 잊고 계신다면

    삶의 순간마다 마치 목숨이라도 내놓은 것처럼 격동의 세월을 살아낸 분이 가까이에 계십니다. 어느날 그분이 '하루하루가 얼마나 지루하던지'라고 회고하는 바람에 무척 놀랐던 적이 있습니다. 끔찍하게 반복되는 위기와 시련의 나날 또한 나른하게 이어지는 무심의 나날과 다름없이 '권태'라는 상황에 이른다는 것을 또렷이 실감하는 순간이었지요. 감각의 죽음, 똑같은 일상을 무의미하게 반복한다는 데에는 그런 위험이 따르는 법입니다.

    『날마다 날마다 놀라운 일들이 생겨요』를 펼칠 때마다 고소한 빵 냄새를 맡곤 합니다. 밀이 빵이 된 기적을 노래하는 첫 장면 때문이지요. 이어서 새알이 새가 된 기적이, 씨앗이 꽃피운 장미꽃의 기적이 펼쳐집니다. 빵과 새와 꽃은 되풀이되는 우리의 평균적 일상을 상징하고, 밀과 새알과 씨앗은 그 일상의 근원이 품고 있는 경이로운 신비를 대표하지요. 일상에서 흔히 보는 것들이 어떻게 생겨났는지를 떠올리면, 긴 시간에 걸쳐 누군가의 정성과 소망에 의해 빚어진 것이라는 걸 깨닫게 되면, 삼라만상 각각의 존재는 그 자체만으로도 놀라운 기적이더라는 시인의 노래에 금세 고개 끄덕이게 됩니다. 세상 만물을 처음 보는 듯이 새롭게 여기는 마음, 마지막으로 보는 듯이 절실하게 여기는 마음이 곧 일상의 소중함을 깨닫는 힘이라는 거지요.

'기적을 깨닫고 놀라는 감각'을 노래하는 이 시 그림책은 신시아 라일런트의 일상 그대로이기도 합니다. 시와 그림책 글을 쓰는 시인이자 장편동화 작가로도 이름난 그는 창문이 많고 반려동물들이 와글대는 집에 살면서, 그처럼 나날의 일상과 순간의 경이를 놓치지 않고 붙잡아놓은 거지요. '시인이 입김을 불어넣으면 세계는 우주의 웅장함과 활력으로 팽창한다'고 했던 휘트먼의 말 그대로입니다.

이름난 카드회사에서 미술감독으로 일했던 화가 코코 다울리의 그림에는 시인이 붙잡은 바로 그 사소한 일상과 그 일상 풍경에 담긴 기적의 비밀이 빼곡히 재현되고 있습니다. 한 장 한 장 독립된 듯이 보이는 그림 장면들이 유기적으로 엮어지면서 하루하루 나날의 일상이 곧 인생이 되는 멋진 메타포를 구현합니다. 이를테면, 첫 장면에서 빵 냄새를 맡고 있던 조연급 개들은 뒤에서 다시 주연으로 등장해 장면을 주도하지요.

시인과 화가는 일체가 되어 다정하게 말합니다. 마른 가지에 손톱만 한 잎이 돋고 그 잎사귀 사이에서 콩알만 하게 열매가 맺히고 그 열매가 나날이 자라서 탐스러운 복숭아가 되는 이야기를, 쪼끄만 벌들이 쉼없이 날갯짓하는 몸짓과 소리를, 그 경이를 놓치지 말자고요. 아무 맛도 없고 냄새도 없던 물이 모락모락 김이 나는 따

"시인과 화가는 다정하게 말합니다.
마른 가지에 손톱만 한 잎이 돋고
그 잎사귀 사이에서 콩알만 하게 열매가 맺히고
그 열매가 나날이 자라서
탐스러운 복숭아가 되는 이야기를,
그 경이를 놓치지 말자고요.
그 고요한 신비를 붙잡아
들여다보자고 말이지요."

뜻하고 향기로운 차가 되는 것을, 경중거리고 컹컹대기 마련인 개가 가만히 앉아 무엇인가 물끄러미 쳐다보고 있는 것을, 그 고요한 신비를 붙잡아 들여다보자고 말이지요. 그렇습니다. 일상은 '권태'도 아니고 '피로'도 아니고 '기적'입니다.

**하루하루의 일상이 사소하고 하찮다 여기는 당신께**
고대 인도의 전통 치유 과학 아유르베다와 현대 의학을 접목한 의학자이자 영적 지도자로 손꼽히는 디팩 초프라 박사에 의하면 순진한 마음과 호기심, 열린 마음이 건강한 삶을 위한 필수 조건이라고 합니다.
이 그림책은 바로 그런 순진한 마음이 호기심에 찬 눈을 크게 뜨고 일상의 순간순간에서 포획한 기적을 담아내고 있어요. 무엇보다 그처럼 신비롭고 놀라운 일들 가운데에서도 가장 놀라운 것이 '너'라는 존재요, '너라는 존재'의 출현이요, '너라는 존재가 출현'해 나날이 무럭무럭 성장하는 일이라는 결말은 뜻밖입니다. 일상에 찌들어 무감각해졌다고 푸념하는 대신 시시때때 이 그림책을 펼쳐들고 '치유의 주문'으로 활용하시길 권합니다.

● 함께 읽어보세요 ●

『코를 "킁킁"』
루스 크라우스 글 | 마크 사이먼트 그림 | 고진하 옮김 | 비룡소

눈이 녹기 시작하는 겨울 끄트머리에서 봄을 맞는 그림책으로, 마지막 한 장면을 제외한 모든 장면이 흑백 그림입니다. 겨울잠 자던 동물들이 멀찌감치 돋아난 봄꽃의 기척을 냄새 맡고 일제히 달려간다는 루스 크라우스의 절제된 글이 마크 사이먼트의 그림으로 펼쳐집니다. 자연이 펼치는 경이로운 기적의 장면 장면들을 만끽하게 됩니다.

『ABC3D』 | 마리옹 바타유 지음 | 보림
『나, 꽃으로 태어났어』 | 엠마 줄리아니 글·그림 | 이세진 옮김 | 비룡소
『나무늘보가 사는 숲에서』 | 아누크 부아로베르·루이 리고 지음 | 이정주 옮김 | 보림
『바다 이야기』 | 아누크 부아로베르·루이 리고 지음 | 이정주 옮김 | 보림

# 책을 여는 순간, 마법의 타임 스타트!

'6초의 여유'라는 말이 있습니다. 의학적으로 6초면 냉정을 찾아 이성적으로 생각할 수 있게 된다고 합니다. 감정이 들끓어 힘들 때 이 짧은 6초의 여유를 가지면, 절대 후회할 일을 만들지 않는다고 합니다. '마법의 타임'이죠.

하지만 이 짧은 6초가 말처럼 쉽지 않습니다. 아무리 해도 일이 풀리지 않을 때, 마음 안 맞는 상사가 말도 안 되는 일을 시킬 때, 참고 참다 어렵게 꺼낸 말에 상대가 확 쏘아붙이고 나가버릴 때…. 살다보면 참을 수 없는 위기의 순간들이 숱하게 찾아옵니다. 이럴 때를 위해 자기만의 응급 대책을 마련해두는 게 좋습니다.

저의 응급 매뉴얼중 하나는 팝업북입니다. 팝업북 응급 매뉴얼은 10여 년 전쯤 시작됐습니다. 팝업북의 세계적 대가 로버트 사부다의 『이상한 나라의 앨리스』를 보고 나서입니다. 펼치면 튀어나오는 입체북의 세계에 놀란 뒤부터입니다. 책장 사이에 어떻게 그렇게 놀라운 세계를 숨겨놓았는지 감탄할 수밖에 없었죠. 가상현실의 시대, 입체가 더 이상 놀랍지 않은 세상이 됐지만 아날로그 중의 아날로그, 사람 손의 수고로움이 느껴지는 팝업북은 그래서 더

> **❝ 책장을 넘길 때마다 튀어 오르는
> 팝업북의 그림에 마음을 맡기고
> 한 장 한 장 넘기다보면
> 책장을 덮을 때엔
> 마음이 좀 가라앉아 있습니다. ❞**

멋집니다.

　요즘은 프랑스 아트디렉터 마리옹 바타유가 만든 『ABC 3D』를 자주 봅니다. 『ABC 3D』라는 제목 그대로 책장을 펼치면 A부터 Z까지 알파벳이 3D로 튀어나옵니다. 누워 있던 글자들이 벌떡 일어나고, 접혀 있던 종이가 펼쳐지고 종이가 획 돌아서 글자가 됩니다. 알파벳이 등장하는 방법이 얼마나 유머러스하고 위트가 넘치는지. 책장을 넘기며 'A B C D…'라고 입소리를 내며 눈앞에 등장하는 글자들을 집중해 Z까지 보고 나면 부글거리는 마음과 복잡한 머리도 좀 정리됩니다. 마지막 책장을 덮을 때엔 마음이 좀 가라앉아 있습니다. 저만의 6초의 여유라고나 할까요. 효과는 상당히 좋습니다. 그래도 화가 가라앉지 않으면 다시 첫 장으로 돌아가 'A B C D…'를 펼칩니다.

　게다가 접혀 있던 입체 그림이 펼쳐져 튀어오르는 짧은 순간이 얼마나 역동적인지 그것을 보는 것만으로도 상당히 기분을 좋아집니다. 어느 속도로 책장을 넘기느냐에 따라 다른 속도로 튀어오르는 것도 재미죠. 빠르게 획획 넘기면 빠르게, 천천히 넘기면 천천히 그림들이 올라옵니다. 그래서 수십 번을 넘겨봐 어떤 그림이 튀어

나올지 다 알고 있으면서도 지겨운 적이 없습니다. 단순하지만 순간 몰입으로 얻는 기쁨입니다. 즐거운 마법의 타임입니다.

『나, 꽃으로 태어났어』 역시 더할 수 없이 사랑스럽습니다. 손으로 일러스트의 일부분을 펼쳐서, 숨겨놓은 그림이 나오는 입체북입니다. 꽃이 자신이 세상을 얼마나 아름답게 만드는가를 이야기하는 내용인데, 모든 페이지에는 접혀 있는 꽃들이 있습니다. 접힌 종이를 하나 둘 펼치면, 화려하고 알록달록한 꽃들이 나타납니다. 펼칠 때마다 완성돼 모습을 드러내는 예쁜 꽃들을 보면, 마음이 따뜻해집니다. 책을 보는 사람들의 얼굴에 미소를 머금게 하니, 책 내용대로 꽃이 세상을 얼마나 아름답게 하는지 증명하는 순간입니다. 이 역시 마법의 타임입니다.

이번에는 같은 작가의 책 두 권입니다. 『나무늘보가 사는 숲에서』와 『바다 이야기』는 하나는 숲, 하나는 바다를 환상적으로 즐기게 해줍니다. 책을 펼치는 순간 숲은 숲대로, 바다는 바다대로 작가의 상상력에 따라 얼마나 입체적으로 그 매력을 한 권의 책에 담아냈는지 감탄이 절로 나옵니다.

이런 책들을 넘기고 있다보면 터져나오는 탄성과 감탄에 어두

운 마음은 어디론가 사라지고, 책의 마지막 장을 넘기면 저절로 얼굴에 미소가 가득해집니다. '책 한 권에 설마?'하는 생각이 드신다면, 지금 당장 가까운 책방으로 달려가보시기를 권합니다.

### 팝업북을 제대로 본 적 없는 분들이라면, 꼭!

꼭 한 번쯤 팝업북을 펼쳐보시길. 팝업북의 재미를 모르고 지나간다면, 책이 주는 큰 즐거움 중의 하나를 놓치고 가는 것이니까요. 책이라는 물성이 가진 아름다움이 얼마나 큰 기쁨을 주는지 직접 느껴보시길 바랍니다.

● 함께 읽어보세요 ●

『이상한 나라의 앨리스』
루이스 캐럴 글 | 로버트 사부다 그림 | 홍승수 옮김 | 넥서스주니어

저로 하여금 팝업북의 매력에 빠지게 해준 책입니다. 책장 사이에 어떻게 그렇게 놀라운 세계를 숨겨놓았는지 감탄할 수밖에 없습니다. 가장 환상적인 페이지는 앨리스가 하트의 여왕에게 소리를 지르자 카드들이 하늘로 솟아올랐다가 떨어지는 장면입니다. 이 팝업에는 카드 두 벌에 해당하는 104장의 미니 카드가 사용됐습니다. 사부다의 화려함과 정교함에 그 순간만큼은 튀어오르는 카드들에 몰두할 수밖에 없습니다.

「내 인형이야」 | 셜리 휴즈 글·그림 | 조숙은 옮김 | 보림

# 당신께도
# 낡고 오래된
# 친구가 있나요?

그림책을 읽다가 주인공의 처지가 딱해지면 참을 수가 없습니다. 셜리 휴즈의 『내 인형이야』의 주인공 데이브 때문에 한참을 걱정했습니다. 데이브가 인형 몽이를 잃어버렸거든요.

그림책 첫 페이지에서 몽이를 보는 순간 알아차렸습니다. 몽이는 데이브의 가장 친한 친구라는 걸요. 몽이는 결코 멋진 모습은 아닙니다. 오히려 낡고 흉합니다. 손때가 자글자글 묻었고 여기저기 실밥도 터졌습니다. 하지만 우리가 사랑하는 것들은 대부분 이런 모습이 아닌가요?

어딘가 여행을 가면 새로운 인형을 집으로 데려오곤 합니다. 멋스런 모자를 쓰고 있는 벤자민 버니와 재킷을 잘 차려입은 피터 래빗을 모셔온 적도 있습니다. 이안 팔코너의 올리비아 인형도, 『괴물들이 사는 나라』의 괴물 인형도 모두 간직하게 된 사연이 있습니다. 몽이도 어떤 사연으로 데이브에게 왔을 겁니다.

어느 날 오후 엄마는 데이브와 함께 벨라 누나를 데리러 초등학교에 갔습니다. 데이브는 학교 울타리 틈으로 몽이를 집어넣어 바자회 준비가 한창인 모습을 보여주었습니다. 그때 학교에서 벨라

" 그림책 첫 페이지에서
몽이를 보는 순간 알아차렸습니다.
몽이는 데이브의 가장 친한 친구라는 걸요.
몽이는 손때가 자글자글 묻었고
여기저기 실밥도 터졌습니다.
하지만 우리가 사랑하는 것들은
이런 모습이 아닌가요."

누나가 뛰어나왔고, 모두 아이스크림을 먹으러 갔습니다. 집에 돌아와 저녁밥도 먹고 목욕도 했습니다. 침대에 누운 데이브는 그제야 깨달았습니다. 몽이가 안 보인다는 걸 말입니다.

온 집 안에 소동이 벌어졌습니다. 어디에도 몽이는 보이지 않았습니다. 한데 데이브는 몽이를 뜻하지 않은 곳에서 만났습니다. 이튿날 데이브는 바자회를 둘러보다 가격표가 붙은 중고 인형으로 판매 중인 몽이를 발견했습니다. 벨라 누나랑 몽이를 사러 가지만 그 사이 어떤 여자아이가 몽이를 사버렸습니다. 그 여자아이는 몽이를 되팔 생각이 없다고 딱 잡아뗍니다. 참다못해 데이브는 엉엉 울어버렸습니다.

영국의 그림책 작가인 셜리 휴즈는 아이들이 자라며 겪는 다양한 일들을 글과 그림으로 멋지게 형상화합니다. 특히 앨피와 그의 여동생 애니 로즈를 주인공으로 삼은 그림책은 유명합니다. 그녀는 아이들이 어떤 표정을 짓는지, 어느 순간 더 이상 참지 못하고 우는지를 정확히 알고 있습니다. 또 절망에 빠진 아이들이 용기를 내어 자기 힘으로 위기를 돌파하는 순간까지도 멋지게 담아냅니다. 이 책에서는 벨라 누나가 자신의 것을 선뜻 양보함으로써, 몽이를 데이브 품 안에 돌려주지요.

그녀가 펜, 수채 물감, 불투명 수채물감으로 그려낸 평범한 중산층 가족의 모습은 마치 빅토리아 시대의 가족화처럼 보입니다. 고전적인 평화로움이 넘치는 그림이어서 셜리 휴즈의 책이 오랜 동안 사랑받는 건 아닌가 싶습니다.

가끔 새것이 사고 싶습니다. 오래된 옷, 낡은 신발, 너무 뻔해서 하나도 궁금한 게 없는 연인이 지긋지긋하고 궁상맞아 보일 때가 있습니다. 그래서 새것을 사보지만, 그 즐거움은 생각보다 찰나입니다. 집으로 가져오면 금방 평범한 것으로 변합니다.

손때 묻은 몽이는 비록 낡았지만 데이브와 기쁨과 슬픔을 함께 나눈 친구입니다. 포근한 냄새와 안았을 때 품에 착 감기는 감촉까지 서로 많은 걸 알고 있는 다정한 사이입니다. 애틋한 사연을 지닌 것들만이 삶의 슬픔이자 기쁨이 되어줍니다.

## 인형을 좋아하는 이들과 나누는 동병상련

인형을 좋아하는 아이들이라면 한번쯤 겪었을 법한 사연입니다. 흔히 아이들은 말하지 못하는 여러 감정들을 인형을 통해 풀어냅니다. 아이들에게 인형은 그저 인형이 아니라, 감정을 나눈 친구와도 같습니다. 혹 인형을 달고 다니는 아이 혹은 조카가 있다면 함께 읽어보세요.

● 함께 읽어보세요 ●

『내 토끼 어딨어?』
모 윌렘스 글·그림 | 정회성 옮김 | 살림어린이

1977년 출간된 『내 인형이야』는 시간이 흘러 모 윌렘스의 『내 토끼 어딨어?』 같은 책 속에서 현대적으로 계승되고 있습니다. 비슷한 소재를 다뤘지만 모 윌렘스는 뉴욕의 거리와 풍경을 찍은 사진을 배경으로 삼고 카툰 스타일의 캐릭터를 그려 현대적인 몽이 이야기를 만들었습니다. 우리가 아끼고 사랑하는 인형에 관한 이야기는 이렇게 변주되며 재탄생합니다.

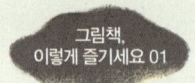

# 그림책을 본다는 것, 사랑스런 친구들을 만나는 것

그림책은 아름다운 판타지 세계입니다. 현실에선 결코 존재하지 않는 세계. 그저 평온하고, 안전하고, 선하고, 착한 세계. 그림책 세계에선 아이들이 아무리 엄청난 고난을 겪고, 위험에 빠지고, 때로는 길을 잃고 미아가 되어도 마지막에 이르면 모든 문제가 풀립니다. 주인공은 길을 찾고, 사랑하는 엄마 아빠가 있는 집으로 돌아오지요. 다툼은 화해로 마무리되고, 어긋난 사람들은 다시 손을 잡게 됩니다.

어른들을 위한 예술적인 그림책도 있고, 비정하고 냉혹한 세계를 그대로 담은 그림책도 있지만 그림책은 대부분은 이런 따뜻하고 안전한 세계를 담고 있습니다. 어떻게 보면 매우 독특한 세계이지요. 물론 우리는 그림책 속 세상이 현실에서 불가능한 세계이고, 결코 존재할 수 없다는 것을 이미 알고 있습니다. 심지어 어른인 우리들뿐만 아니라 아이들조차 누릴 수 없는 세계라는 것도 알고 있습니다.

하지만, 안전한 세계는 우리에게 위안을 줍니다. 우리의 삶이 그리워하고 바라는 '선함의 원형'을 보여주기 때문일까요. 때문에 저는 잠깐씩 이 세계로의 여행을 좋아합니다. 이 안전한 세계에서 주인공들이 마음껏 울고, 웃고, 아파하고, 탐험하는 모습을 만나다보면 마음이 참 따뜻해집니다. 게다가 선한 그림책의 세계에서 주인공들은 대부분 해피엔딩을 만들어냅니다. 그래서인지 그림책 속 캐릭터들은 하나하나가 사랑스럽습니다. 예쁘고 착한 캐릭터만 사랑스러운 건 아닙니다. 심술궂고 연약하고 짓궂은 캐릭터들도 이 세계에서는 그저 사랑스럽기만 하지요.

10여 년 전 일본 도쿄의 한 책방에서 문제적 작가 모리스 샌닥의 그림책 『괴물들이 사는 나라』의 주인공 맥스 인형을 보고 얼마나 반갑던지 냉큼 샀던 적이 있습니다. 온갖 못된 짓을 다하고 엄마를 잡아먹겠다고 소리치는 만만찮은 개구장이 맥스가 마음에 딱 들었거든요. 그뒤로 인형 맥스는 지금까지 제 책장 한쪽에 서서 특유의 못된 표정으로 저를 노려보고 있습니다. 엄마나 친구들을 상당히 괴롭힐 것 같은 짓궂은 맥스는 우리들 모두 가지고 있는 못된 마음의 상징 같습니다. 우리들도 언제나 착하고 선한 마음만 품고 살지는 않으니까요. 그래서인지 아이러니하게 맥스는 그림책 속 캐릭터 중 제게는 가장 사랑스러운 캐릭터 중 한 명입니다.

그림책에서 온갖 못된 짓을 다하다 엄마에게 '괴물딱지 같은 녀석'이라는 소리를 들으며 방에 갇혀 저녁도 굶게 된 맥스. 그 방에서 맥스는 상상의 힘으로 괴물 나라로 갑니다. 석 달쯤 항해한 끝에 괴물들이 사는 나라에 도착했더니, 그곳엔 으르렁 대고 이빨을 부드득 갈고 눈알을 뒤룩대고 무서운 발톱을 세워 보이는 온갖 괴물들이 다 있습니다. 하지만 맥스는 오히려 호통을 치고 마법을 써서 괴물들을 꼼짝 못하게 합니다. 괴물들로부터 '괴물 중의 괴물'이라는 말을 들으며 괴물 나라를 평정하게 됩니다. 하지만 괴물나라 왕 노릇도 곧 시들해지고, 자기를 사랑해주는 사람이 그리워집니다. 맥스는 자신들의 왕으로 계속 남아달라는 괴물들의 요청을 물리치고 다시 배를 타고 집으로 돌아옵니다. 당연히 저녁밥은 여전히 따뜻한 채로 맥스를 기다리고 있습니다. 상상의 공간에서 마음껏 위악을 떨고 돌아오는 맥스를 통해 느껴지는 카타르시스가 있습니다.

맥스가 마음속 못된 아이의 상징이라면 외롭고 애처로운 우리들 모습인 듯한 캐릭터도 있습니다. 뉴욕 브룩클린의 유태계 폴란드 이민자 집안에서 태어나 에즈라 잭 키츠는 그림책에 어린 시절 함께 했던 유색 인종 아이들을 주인공으로 등장시킵니다. 아마도 그는 따뜻한 마음의 소유자였던 것 같습니다. 미국 그림책 역사상 처음으로 흑인 어린이를 주인공으로 그린 그는 가난하고 소외된 아이들을 등장시켜 성장하는 모습, 서로 서로 아끼며 사랑하는 모습을 담아냈습니다. 아마도 자신과 그 시절 함께 했던 많은 사람들을 보듬어주고 싶은 마음이 아니었을까 합니다.

『내 친구 루이』, 『루이의 상상 1호』에 등장하는 주인공 루이도 그런 친구 중 한 명입니다. 약간의 자폐증 증상도 있는 고독하고 외로운 아이. 하지만 주변에 착한 친구들이 있습니다. 루이가 좋아하는 인형을 선물하기도 하고, 루이와 함께 종이로 우주선을 만들어 상상의 모험을 떠나기도 합니다. 루이가 펼치는 상상력이 에너지가 돼 우주 저 먼 곳까지 간다는 상상은 참 로맨틱합니다.

사랑스런 캐릭터도 빼놓을 수 없지요. 사랑스런 캐릭터를 꼽자면 독일 작가 게오르그 할렌스레벤과 프랑스 작가 안느 구트망 부부가 만든 리사와 가스파르입니다. 얼마전 도넛 광고에도 등장하고, 백화점 트리 장식에도 나와 많은 사랑을 받고 있기도 합니다.

하얀색 강아지 리사와 검정색 강아지 가스파르. 그림책 주인공들 중에서 어린아이의 순수함을 그대로 담아낸 캐릭터 중 으뜸이 아닐까 싶습니다. 장난치고, 장난치고 또 장난치고. 하지만 언제나 유쾌하고. 때로는 싸우지만 서로를 아끼는 리사와 가스파르. 그림책을 보고 있으면 누구나 아이 같은 마음에 젖어듭니다.

저는 때로 이렇게 리사와 가스파르에 비춰 웃고, 루이가 돼 위로 받고, 맥스가 돼 못된 마음도 슬쩍 들여다봅니다. 이들뿐이겠습니까. 그림책에는 깜짝 놀랄 만큼 많은 주인공들이 등장하고, 하나 하나가 정말 사랑스런 친구들입니다. 그림책을 본다는 것은 이런 친구들을 만나는 것이기도 합니다. 물론 어른들을 위한 책에서도 친구를 만날 수 있지만, 그래도 이렇게 천진난만, 사랑스럽기만 한 친구들을 만나는 건 참 기분좋은 즐거움입니다. | 최현미, 신문 기자

둘,
사랑은
　숱한 관계 속에서
피어납니다

사랑이라는 감정은 인간이라는 존재를 가장 많이 성장케 합니다. 어린이와 어른 모두가 그렇습니다. 하지만 사랑은 아름답기만 한 감정은 아닙니다. 언제나 두려움과 함께 찾아온다는 걸 우리는 이미 알고 있습니다. 남녀 사이의 사랑을 떠올려보면 이해가 쉽습니다. 맘에 들어 만나기 시작했는데, 이 사람이 내가 생각하는 것처럼 나와 잘 맞는 성격이 아니면 어떻게 할까, 자세히 알게 되면서 혹시 나를 싫어하게 되지 않을까 등등 수만 수천 가지 생각으로 마음이 복잡해집니다. 그러니 사랑이야말로 큰 용기가 필요한 일입니다.

어디 남녀 간의 사랑만 있을까요. 수많은 관계 속에 사랑은 피어납니다. 하지만 서로 사랑한다고 해서 세계와 세상을 바라보는 생각의 거리, 생활의 속도까지 같은 건 아닙니다. 꼭 그럴 필요도 없는 것이지요. 하지만 사랑하는 이에게 우리는 사랑이라는 이름으로 끊임없이 같아야 한다고 요구하기도 합니다. 그러면서 갈등도 시작되지요.

사랑하는 사람과는 모든 것을 함께 하고 싶지만 사소한 일상을 함께 보내는 것조차 쉬운 일은 아니라는 걸 어른이 되면서 더 잘 알게 됩니다. 누구도 사랑할 준비를 하고 태어난 사람은 없으니, 사랑에도 깨달음이 필요합니다. 하지만 안타깝게도 하나의 사랑을 통해서 무언가를 알게 되는 것은 대부분 그 사랑이 끝난 다음입니다. 어떤 사랑은 영원히 이어질 것 같지만 시간이라는 절대적인 한계는 사랑하는 두 사람을 냉정하게 갈라놓고야 맙니다.

지금도 수많은 사랑이 현재진행형입니다. 어떤 사랑은 막 시작이 되어 그 자체로 충만한 기쁨일 것이고, 또 어떤 사랑은 시들해져 아무런 긴장도 느껴지지 않습니다. 이렇게 서로 다른 단계의 사랑을 우리는 경험하고 있습니다. 그렇다면 사랑하는 이에게 마음을 전하고 싶을 때 어떻게 하는 게 좋을까요. 그런 고민을 하고 있는 당신께 그림책을 권합니다. 그림책은 누구에게나 사랑을 전하기에 참 좋은 도구입니다. 어디 진행형인 사랑뿐일까요. 사랑과 이별의 의미를 스스로 깨닫는 데도 그림책은 도움을 줍니다.

　당신의 사랑에 따뜻한 응원과 정확한 조언을 건넬 그림책을 고르고 골랐습니다. 『100만 번 산 고양이』 『찰리가 온 첫날 밤』 『토끼의 결혼식』은 사랑을 시작하려 하거나, 지금 진행 중인 분께 권합니다. 『개구리 왕자, 그 뒷이야기』와 『아모스와 보리스』에는 더 깊은 사랑을 준비하는 분께 들려주는 속 깊은 도움말이 들어 있습니다. 『언제까지나 너를 사랑해』 『엄마 마중』 『애너벨과 신기한 털실』이 가족과 친구의 사랑을 깨닫게 해준다면, 『리디아의 정원』 『저마다 제 색깔』 『고슴도치 X』는 나 자신을 더 사랑할 수 있도록 도와주는 그림책입니다.

　그림책의 도움을 받아 사랑을 이룬 수많은 사람들이 있습니다. 그로 인해 반짝이는 수많은 사람들을 알고 있습니다. 어쩌면 당신도 저희가 권하는 그림책을 통해 그 행운의 주인공이 될 수도 있지 않을까요?

「100만 번 산 고양이」 | 사노 요코 글·그림 | 김난주 옮김 | 비룡소

## 사랑하지 않았다면
## 백만 번을 살아도
## 산 것이 아닙니다

이생을 살아가는 데 무엇이 필요할까요. 한 생을 전력을 다해 살았노라 말할 수 있으려면 어떻게 살아야 할까요. 그건 사랑받기를 기대하는 것이 아니라 누군가를 사랑하는 거라고, 그를 위해 목 놓아 울 수 있는 거라고 말하는 그림책이 있습니다. 사노 요코의 『100만 번 산 고양이』입니다. 일본에서 120만 부가 넘게 팔렸고 국내에서도 1996년 처음 소개된 이후 꾸준히 사랑받고 있는 책입니다.

> **"** 둘은 그렇게 사랑하게 되었습니다.
> 하얀 고양이가 세상을 떠난 날,
> 한 번도 누군가를 위해
> 울지 않았던 얼룩무늬 고양이는
> 사랑하는 이를 위해
> 백만 번이나 울었습니다. **"**

그래서인지 이 그림책과 얽힌 사연을 지닌 이들이 많습니다. 야구를 통해 아버지와의 추억을 풀어낸 그림책 『마이볼』의 작가 유준재는 대학 시절 이 책을 많은 여자들에게 선물했다고 합니다. 자우림의 보컬 김윤아는 이 책을 읽을 때마다 눈물을 흘린다고 했고요. 『스노우캣』을 탄생시킨 만화가 권윤주 역시 아끼는 책이라고 합니다. 이번에는 당신이 그 주인공이 될지도 모르겠습니다.

제목이 흥미롭지요? '100만 번 산 고양이'라니? 대체 어떤 고양이야?'라고 묻게 됩니다. 책 표지에 그려진 에메랄드색 눈동자가 빛나는, 멋진 털을 지닌 수컷 얼룩 고양이가 바로 100만 번이나 산 고양이입니다. 저자는 백만 번이나 죽었다 다시 살아났다는 설정, 즉 불교의 윤회설을 슬쩍 가져다 이야기를 풀어냅니다.

윤회설에 따르면 이생에서 공덕을 쌓거나 깨달음을 얻지 못하면 다시 세상에 태어나기를 거듭해야 합니다. 그러다 마침내 이생에서 삶의 경험을 통해 스스로를 구원하는 경지에 이르면, 즉 부처가 되면 윤회를 끝마칠 수 있습니다. 그러니 백만 번이나 다시 태어났다는 건 글쎄, 놀라운 일이지만 이 고양이가 아직 구원을 얻지 못했다는 뜻이겠지요.

고양이는 백만 번 다시 태어날 때마다 백만 번 새로운 삶을 살았습니다. 그때마다 고양이를 기르던 주인들은 이 멋진 고양이를 끔찍하게 아꼈습니다. 고양이가 죽었을 때는 말할 수 없이 슬퍼했습니다. 임금은 전쟁터에 나갔다 그만두고 성으로 돌아왔고, 뱃사공은 고기잡이도 잊은 채 고양이를 안고 엉엉 소리 내어 울었습니다. 하지만 고양이는 자신을 사랑한 주인들을 싫어했고 단 한 번도 그들을 위해 운 적이 없었습니다. 늘 사랑받았지만 누군가를 사랑한 적은 없었던 것입니다.

고양이는 또 다시 태어났습니다. 이번에는 도둑고양이가 되었지요. 워낙 눈에 띄는 외모라 숱한 암고양이들이 모여들어 애정을 드러냅니다. 하지만 관심이 없습니다. 딱 한 마리, 그를 본 척도 하지 않는 하얀 고양이에게만 신경이 쓰입니다. 그녀 앞에서 잘난 척

"죽음 앞에서 돈과 명예와 권력은 자랑거리가 아닙니다.
오로지 얼마나 사랑하며 살았는가가 남을 뿐입니다.
온 마음을 다해 누군가를 사랑하며,
그를 만나 태어난 이유를 알았을 때
우리는 진정으로 이생을 살았노라 말할 수 있습니다."

도 하고, 재주도 부리지만 별 소용이 없습니다. 그는 마음을 바꿔 허세를 부리는 대신 진심을 보여주기로 합니다. 둘은 그렇게 사랑하게 되었습니다. 세월이 흘렀고 하얀 고양이는 늙어갑니다. 마침내 세상을 떠났습니다. 그녀가 죽던 날, 그는 자신을 사랑했던 백만 명의 주인들이 소리 내어 울었던 것보다 더 슬프게 목 놓아 울었습니다.

한 번도 누군가를 위해 울지 않았던 그는 사랑하는 이를 위해 백만 번이나 울었습니다. 그리고 사랑하는 이가 있는 고요하고 그리운 그곳으로 갔습니다. 자신보다 더 사랑하는 존재를 위해 백만 번이나 울고 나서야 그는 윤회의 업에서 벗어날 수 있었습니다.

죽음에 이르렀을 때 '좀 더 돈을 많이 벌었어야 했는데, 더 높은 자리에 올랐어야 했는데, 더 값진 보석과 가방을 샀어야 했는데'라며 후회하는 사람은 없습니다. 죽음 앞에서 돈과 명예와 권력은 자랑거리가 아닙니다. 오로지 얼마나 사랑하며 살았는가가 남을 뿐입니다. 만약 누군가를 사랑하지 않았다면, 그를 위해 눈물을 흘려보지 않았다면 살아도, 산 것이 아닙니다. 온 마음을 다해 누군가를 사랑하며, 그런 존재를 통해 태어난 이유를 알았을 때 우리는 진정으로 이생을 살았노라 말할 수 있습니다.

아, 사랑을 고백하는 순간에 이보다 더 어울리는 책이 있을까요

사랑을 고백할 때 그 마음을 담을 선물을 준비합니다. 누군가는 장

미 한 다발을 준비할 수도 있고 또 누군가는 초콜릿 한 상자를 살 수도 있습니다. 하지만 선물 속에 심장 한 조각이라도 넣으면 모를까, 무엇을 준다고 어찌 사랑일까 싶습니다. 간절함을 담아 사랑을 말하고 싶다면, 그런 분들이 챙겨야 할 그림책입니다.

● 함께 읽어보세요 ●

『매호의 옷감』
김해원 글 | 김진이 그림 | 창비

고구려 고분 벽화 속 동그란 무늬가 새겨진 점무늬 옷감이 탄생하게 된 이야기를 상상으로 풀어낸 그림책입니다. 서로 특별하게 생각하던 매호와 지밀이의 사랑이 '매호의 옷감'으로 남았지요. 그가 떠난 후 옷감을 보며 쓸쓸해할 지밀이를 생각하면 마음이 아픕니다. 마음에 담아둔 사랑도 아름답지만, 사랑이 있다면 그 사랑을 전하세요. 받는 사랑보다 주는 사랑이 더 큰 사랑입니다.

「찰리가 온 첫날 밤」 | 헬린 옥슨버리 그림 | 에이미 헤스트 글 | 홍연미 옮김 | 시공주니어

## 서로의 눈을 들여다보는 건 사랑한다는 뜻입니다

누구나 사랑을 말하지만 상대에게 사랑을 전하기란 쉽지 않습니다. 여기 사랑을 어떻게 전해야 하는지를 잘 보여주는 그림책이 있습니다. 헬린 옥슨버리가 그림을 그린 『찰리가 온 첫날 밤』입니다.

헬린 옥슨버리는 『알도』 『야, 우리 기차에서 내려』 『우리 할아버지』 등의 작품으로 세계적 명성을 지닌 그림책 작가 존 버닝햄의 부인입니다. 두 사람은 센트럴 미술학교에서 만났습니다. 당시 존 버닝햄은 그래픽 디자인과 일러스트레이션을, 헬린은 무대 디자인을 전공했다고 합니다. 무대 디자인을 공부한 헬린이 그림책을 그리기 시작한 건 존 버닝햄과 결혼한 뒤부터입니다. 아이들이 어릴 때 엄마가 집에서 할 수 있는 일을 찾기란 그리 쉬운 게 아니었을 테니까요. 세 자녀를 키운 헬린 옥슨버리의 그림에는 마치 어머니 품 같은 따뜻함이 담겨 있습니다. 연필 선으로 그려진 인물이나 동물의 모습은 사랑스럽고, 색감은 따뜻하고 포근합니다.

눈이 내리는 밤이었습니다. 길을 가던 헨리는 길 잃은 강아지를 만납니다. 헨리는 가방에서 자신이 아기 때 쓰던 낡은 담요를 꺼내 강아지를 감싸 안습니다. 가방에 아기 때 쓰던 담요를 넣고 다니는

> "눈이 내리는 밤
> 헨리는 길 잃은 강아지를 만납니다.
> 헨리는 가방에서 아기 때 쓰던
> 낡은 담요를 꺼내 강아지를 감싸 안습니다.
> 가방에 아기 때 쓰던 담요를 넣고 다니는 걸로 봐서
> 헨리는 사랑이 많이 필요한 아이였을 겁니다."

걸로 봐서 헨리는 사랑이 많이 필요한 아이였을 겁니다.

 헨리는 강아지를 찰리라고 부르기로 합니다. 헨리는 길 강아지 찰리를 돌보며 사랑받기보다 사랑을 나눠주는 아이로 변해갑니다. 헨리는 강아지에게 집을 여기저기 구경시켜주고 찰리를 산책 시키고 먹이 주는 일을 합니다. 한데 문제가 있습니다. 부모님은 찰리를 헨리의 방이 아니라 부엌에서 재워야 한다고 말합니다.

 집에 온 첫날 밤, 쓸쓸하게 홀로 잠들 강아지 찰리를 위해 헨리는 곰 인형을 가져다줍니다. 부모들이 그랬듯 곁에서 찰리가 잠들기를 기다려줍니다. 하지만 그날 밤 찰리는 여러 번 깨서 보챘습니다. 헨리는 결국 찰리를 자기 침대로 데리고 옵니다. 헨리는 불안해하는 찰리의 눈을 들여다보며 이렇게 말합니다. "사랑해, 찰리." 그러자 마법같이 찰리도 헨리도 잠이 듭니다.

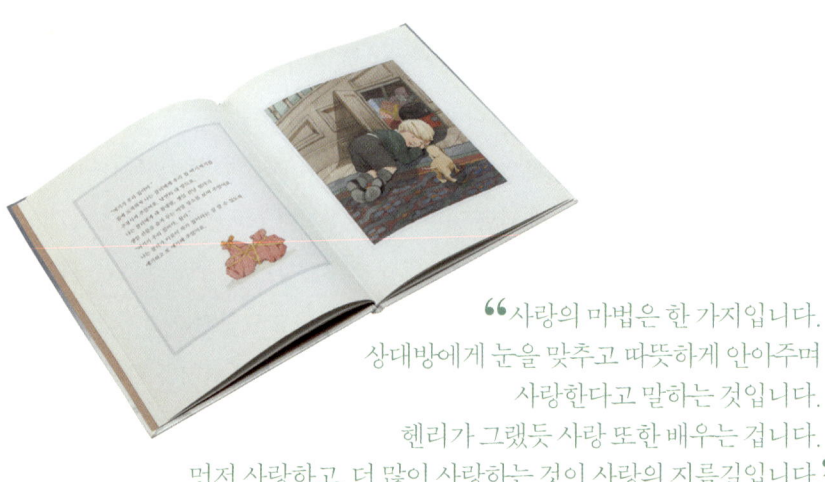

> **"사랑의 마법은 한 가지입니다.
> 상대방에게 눈을 맞추고 따뜻하게 안아주며
> 사랑한다고 말하는 것입니다.
> 헨리가 그랬듯 사랑 또한 배우는 겁니다.
> 먼저 사랑하고, 더 많이 사랑하는 것이 사랑의 지름길입니다."**

사랑의 마법은 한 가지입니다. 상대방에게 눈을 맞추고 따뜻하게 안아주며 "사랑해요"라고 말하는 것입니다. 지금까지 사랑한다는 말을 해본 적이 없어 쑥스럽다면 지금부터라도 연습하세요. 인형을 앉혀놓고 혹은 반려동물의 눈을 바라보며 "사랑해"라고 말해보세요. 헨리가 그랬듯 사랑 또한 배우는 거니까요. 먼저 사랑하고, 더 많이 사랑하는 것이 사랑의 지름길입니다.

**누군가를 따뜻하게 안아주고 싶은 당신께**
『찰리가 온 첫날 밤』은 반려동물을 키우는 이들이라면 더 빨리 감정을 이입할 만한 책입니다. 지금 사랑에 빠져 있다면, 몸짓과 눈빛으로 사랑하는 법을 느껴볼 수 있는 책이기도 합니다.

헨리는 늘 찰리의 눈을 보며 말합니다. 늘 찰리를 따뜻하게 안아줍니다. 책에는 생명을 안았을 때 느껴지는 따뜻함이 있습니다. 그의 체온과 심장 소리, 달콤한 냄새, 부드러운 감촉 말입니다. 지금 따뜻하게 안아주고픈 사람이 있는 이들에게 권합니다.

● 함께 읽어보세요 ●

**『찰리가 할아버지를 만난 날』**
에이미 헤스트 글 | 헬린 옥슨버리 그림 | 홍연미 옮김 | 시공주니어

『찰리가 온 첫날 밤』의 후속 이야기인 『찰리가 할아버지를 만난 날』도 출간되어 있습니다. 할아버지는 한 번도 강아지와 친구가 된 적이 없습니다. 할아버지가 찰리를 받아들이고 친구가 되기까지의 이야기를 담아낸 그림책입니다. '서로의 눈을 들여다보는 건 사랑한다는 뜻'이라는 인상적인 구절을 이 책에서 만날 수 있습니다.

「토끼의 결혼식」 | 가스 윌리엄즈 글·그림 | 강무환 옮김 | 시공사

# 당신 앞에
# 아름다운 결혼식이
# 펼쳐집니다

사랑 없는 결혼이 불행하다면 사랑이 있는 결혼은 행복할까요. 사랑하기 때문에 결혼한다면 결혼하지 않고 계속 사랑할 수는 없는 걸까요. 어떤 두 사람이 불신과 회의의 시간을 극복하고 드디어 결혼을 결심한다면 어떤 화학적 변화가 일어난 것일까요. 또 단짝 친구가 결혼한다는 소식을 들으면 얼마나 허전한지요. 그렇다고 뒤따라 결혼하고 싶은 건 또 아닙니다.

첫 직장을 잡을 무렵의 여성들은 결혼 관련 질문이 들어올 때마다 경계의 바리케이드를 치고 가능하면 패기 있어 보이는 다른 말로 되받아치곤 합니다. 위협과 진심을 구별할 정도로 노련한 직장인이 되고 난 뒤에도 결혼에 관한 대화는 여전히 불편합니다. 당분간 결혼 계획이 없다는 제 후배는 이렇게 말합니다.

"다들 저더러 늦지 않았냐고, 언제 결혼할 거냐고 물어요. 지금도 삶이 충분히 복잡한데, 그 모호한 장막 안으로 들어가라는 건가요?"

혹시 누군가로부터 결혼 신청을 받거나 결혼하자고 해야 하는 상황이라면 고민은 절정에 이릅니다. 상대의 진심을 믿는다고 해도 '우리 결혼하자', '영원히 사랑할게' 같은 달콤한 말은 격렬한 불안과 함께 다가오기 때문입니다. 이런 불안을 차분하게 달래주는 그림책이 있습니다. 가스 윌리엄즈의 『토끼의 결혼식』입니다.

『토끼의 결혼식』은 사랑을 다루는 그 어떤 책보다 끈적임이 적은 보송보송한 책입니다. 안개가 드리운 숲속에 살고 있는 첫눈처럼 부드러운 하얀 토끼와 검은 토끼가 주인공입니다. 둘은 날마다 '폴짝 휙 깡충 뛰어넘기'와 숨바꼭질과 도토리 찾기를 하며 누구도 부럽지 않은 즐거운 연애를 합니다. 그러던 어느 날 검은 토끼가 주저앉아 몹시 슬픈 표정을 짓곤 합니다. 이유를 묻는 하얀 토끼에게 답하기를 망설이던 검은 토끼는 결심한 듯 답합니다. '너랑 영원히 함께 있고 싶다'고 말이지요.

이 장면에서 우리는 잠시 책장 넘기기를 멈추고 검은 토끼의 간절한 눈망울을 보아야 합니다. 고개를 약간 움츠리고 자신 없어하는 그의 목덜미도 놓치지 마세요. 물론 결혼하지 않는다고 해도 영원히 함께 할 수 없는 것은 아니죠. 하얀 토끼는 검은 토끼의 소원을 듣고 어떤 대답을 할까요. 책장을 넘기면 정말 가슴이 환해지는 명장면이 잇따라 나옵니다.

이 사랑스러운 토끼 커플은 어떻게 되었을까요. 여느 그림책이나 동화책의 결말처럼 두 마리의 토끼는 민들레꽃을 꽂고 모든 숲속 동물의 축하를 받으며 환한 달밤에 결혼식을 올렸다고 합니다.

> "너랑 영원히 있는 것, 그게 내 소원'이라는 말은 상대를 얼마나 행복하게 할까요. 이 책에는 결혼으로 인해 겪어야 할 어려움을 당신과 함께라면 극복할 수 있다는 고백이 담겨 있습니다."

 그림책을 덮는 독자는 이 환상적인 결혼식의 하객이라도 된 듯 가슴 한부분이 따뜻하게 차오르는 것을 느낍니다.
 가스 윌리엄즈는 펜과 잉크를 사용한 크로쉐칭 기법을 사용해 섬세하게 숲속의 결혼식을 재현합니다. 색의 사용을 극도로 절제하여 검은색과 흰색의 대조를 부각시키면서 고전적이고 정밀한 선의 세계를 보여주고 있습니다. 흑백으로 상징되는 결혼식 풍경 속에서 그의 펜선은 얼마나 가벼운지요. 한 올 한 올 토끼털처럼 가늘고 가벼워서 하늘로 날아갈 것 같습니다. 드레스도 반지도 없는 토끼 커플의 결혼식 장면은 흔한 남녀의 사랑공식을 벗어난 광경입니다. 어떤 성별이나 피부색, 생김새를 가졌을지라도 이 결혼식에서 배제될 수 없다는 것을 보여주는 자유롭고 평등한 모습이기도 합니다.

세상의 모든 결혼이 이처럼 순조롭다면 얼마나 좋을까요. 그러나 저는 마냥 이 책을 칭찬할 수만은 없습니다. 그림책 밖 현실의 결혼은 이처럼 홀가분하지 않으며 둘만의 일도 아니기 때문이지요. 무엇보다 '한 사람이 다른 사람의 모든 것이 되어준다'는 일이 정말 가능한 것일까요?

가스 윌리엄즈의 담담한 필치는 절묘한 몰입을 유도하여 마치 내가 지금 제대로 된 사랑에 빠져 있는 것 같은 최면을 걸어옵니다. 작가도 결혼의 무게를 몰랐을 리 없습니다. 그는 짐짓 아닌 척 '사랑의 약'을 팔고 있는 것이거나 깃털처럼 가벼운 이 그림책을 통해 결혼 관계의 무거움을 역설적으로 드러내고 있거나, 둘 중 하나일 것입니다.

우리는 결혼이 그렇게 꿈과 환상만으로 이루어진 세계가 아니라는 것을 잘 알고 있습니다. 결혼이란 역시 '생각할 게 좀 있는' 문제입니다. 사랑한다면 결혼을 꼭 해야 하는지부터 말이죠.

그럼에도 불구하고 숙고 끝에 결혼을 결심했다면 이 그림책을 고백과 함께 사랑하는 이에게 건네보세요.『토끼의 결혼식』은 사랑에 빠진 이들 사이의 두렵고 떨리는 감정이 어떤 것인가를 정확하게 보여주고 있습니다. '너랑 영원히 있는 것, 그게 내 소원'이라는 말은 상대를 얼마나 행복하게 할까요. 결혼이라는 제도를 둘러

싼 여러 가지 문제를 모르는 건 아니지만, 그래도 결혼은 누군가와 함께 있는 것을 전제로 이루어집니다. 그 어려움을 함께 극복해보겠노라 결심한 상대가 바로 당신이라는 고백이 담겨 있기도 한 이 책과 함께라면, 제가 보기에 세상에 이보다 더 아름다운 프로포즈는 없을 것 같습니다.

### 그림책도 훌륭한 연애 지침서가 될 수 있습니다

외사랑의 경험만 가득한 분, 용기가 없어서 마음을 어떻게 고백해야 할지 모르겠다는 분께 이 그림책을 권합니다. 결혼을 앞두고 있는 사이가 아니어도 좋습니다. 하얀 토끼와 검은 토끼가 어떻게 놀고 어떤 표정으로 말을 주고받는지 살펴보세요. '거친 생각과 불안한 눈빛'이 아니라 배려가 담긴 표현, 상대를 편안하게 해주는 태도가 있어야만 두 사람의 사랑이 생겨나고 커진다는 것을 알 수 있습니다. 이 그림책은 훌륭한 연애 지침서입니다.

● 함께 읽어보세요 ●

#### 『두 사람』
이보나 흐미엘레프스카 글·그림 | 이지원 옮김 | 사계절

상대방의 존재를 존중하지 않는다면 연애도, 결혼도 할 수 없습니다. 이 그림책은 사랑하는 두 사람이 각자 자신의 영역을 지키는 일이 얼마나 중요한지, 서로의 차이를 이해하고 받아들이지 않는다면 왜 불화할 수밖에 없는지 알려줍니다. 사랑을 하다보면 행복한 날만 있는 것은 아니죠. 예고 없이 찾아오는 사랑의 위기를 슬기롭게 이겨나갈 수 있도록 도와주는 현명한 그림책입니다.

『개구리 왕자 그 뒷이야기』 | 존 셰스카 글 | 스티브 존슨 그림 | 엄혜숙 옮김 | 보림

> "내가 어쩌자고
> 결혼이란 걸
> 했을까!"

"전쟁에 나가기 전에는 한 시간을 기도하고, 바다에 나가기 전에는 두 시간을 기도하고, 결혼하기 전에는 세 시간을 기도하라"는 말이 있습니다. 이런 소설도 있었지요. 『결혼은 미친 짓이다』. 대체 결혼이 뭘까요. 분명한 건 제 아무리 멋진 왕자라 해도 결혼이라는 일상의 덫에 걸리면 개구리만도 못해진다는 사실입니다. 그래서 많은 이들이 후회를 하지요.

"내가 어쩌자고 결혼 같은 걸 했을까."

이렇게 투덜거리는 이들이 보면 웃음이 터질 만한 그림책이 있습니다. 옛이야기를 패러디하는 작업으로 유명한 존 셰스카가 글을 쓰고 스티브 존슨이 그림을 그린 『개구리 왕자 그 뒷이야기』입니다. 그림형제의 '개구리 왕자'는 모든 옛이야기가 그렇듯 '마법에서 풀려난 왕자가 공주와 행복하게 살았다'로 끝이 납니다. 하지만 결혼 후 그들은 어떻게 살고 있을까요. 이 그림책은 바로 그 뒷이야기를 들려줍니다.

" 대체 얼마나 많은 아내들이
남편이 집어던진 양말짝과
소변이 묻은 변기를 보며
그 옛날 멋졌던 그 남자가
이 남자가 맞는 걸까
혼잣말을 했던가요.
그런데 혹시 우리의 남편들도
그 옛날의 공주를
그리워하지는 않을까요? "

영화가 끝나자 삶이 시작되듯, 옛이야기는 행복하게 끝났지만 개구리 왕자와 공주의 결혼생활은 순탄치 않았습니다. 왕자는 이제 개구리가 아닙니다. 하지만 본성이란 쉽게 사라지지 않는 법입니다. 벽지에 그려진 잠자리를 보면 저절로 개구리처럼 혀를 낼름거리고, 밤마다 개골개골 코를 골고 잡니다.

급기야 공주는 왕자에게 차라리 개구리로 남아 있는 편이 더 좋았을 거라고 말해버립니다. 대체 얼마나 많은 아내들이 남편이 집어던진 양말짝을 보며, 소변이 묻은 변기를 보며 그 옛날 멋졌던 그 남자가 이 남자가 맞는 걸까 혼잣말을 했던가요. 결혼생활을 지치게 하는 건 복잡한 경제 사정이나 시댁, 처가와의 갈등 같은 문제만이 아닙니다. 상대방의 사소한 습관, 태도 등도 때때로 머리끝까지 화가 나게 만듭니다.

보통의 남편은 그러거나 말거나인데 왕자는 이 말을 흘려듣지 않고 집을 나갑니다. 마녀를 찾아다니며 자신을 개구리로 되돌려 달라고 부탁합니다. 하지만 집 나가면 고생은 당연지사, 집밖에서 갖은 고생을 다한 왕자는 소망도 이루지 못한 채 집으로 돌아옵니다. 한데 꼴불견 왕자가 집에 돌아오지 않자 공주는 걱정을 하고, 이 모습을 본 왕자는 감격합니다. 사랑이 다시 피어납니다.

성에 대한 암시가 가득했던 그림형제의 원전과 달리 존 셰스카의 패러디는 결혼생활을 빗댄 코믹 버전의 이야기로 다시 태어났습니다. 사랑해서, 보지 못하면 죽을 것만 같아서 결혼을 했는데 막상 하고 나니 미워서 보기가 싫습니다. 결혼은 연인을 원수로 만듭니다. 처음에는 '팔이 하나 끊어지고 다리가 하나 잘려도 좋을 정도로 사랑'했을지라도 같이 살다보면 '팔과 다리를 물어뜯으며 싸우게 되는' 게 결혼입니다.

에밀 아자르의 『자기 앞의 생』이란 소설에서 주인공 모모는 로자 아줌마가 나이가 들자 보호자가 필요하다는 생각에 이웃의 하밀 할아버지를 찾아가 둘이 결혼을 하면 어떻겠냐고 부탁합니다. 할아버지는 '50년 전에 로자 부인을 만났더라면 그랬을지도 모르지만'이라며 거절합니다. 그러자 모모는 "그때 결혼했으면 50년 동안 서로 미워하게 됐을 거예요. 지금 결혼하면 미워할 시간이 없어요"라고 답합니다. 결혼은 어쩌면 서로 미워할 시간이 없을 때 해야 그나마 행복하게 끝낼 수 있는 건지도 모르겠습니다.

혹시 아내만이 아니라 남편도 그 옛날의 공주를 그리워하지는 않을까요. 누구라도 결혼이라는 일상에서 왕자와 공주로 살아갈 수는 없습니다. 그럴 바에야 차라리 두 사람 모두 개구리인 채로 살아가는 편이 더 행복하지 않을까요. 이 그림책이 결론삼아 하고 있는 이야기입니다.

**결혼이라는 환상에 대해 하실 말씀 있는 분!**
존 셰스카는 사랑하고 결혼해서 행복하게 산다는 가족 이데올로기를 그림책 속에서 조롱하고 있습니다. 결혼해놓고 우리는 늘 공주처럼 개구리였을 때가 차라리 나았다고 불평하며 평생을 보내니까요. 개구리 왕자를 찾는 공주들과 왕자인 줄 알았으나 실은 개구리인 남편을 보고 한숨 쉬는 아내들이 함께 모여 이 책과 함께 수다를 떨면 어떨까요.

● 함께 읽어보세요 ●
『엄마 아빠 결혼 이야기』
윤지회 글·그림 | 사계절

유치원에 다니는 준이가 어느 날 결혼 선언을 합니다. 사랑하면 결혼하는 거라며, 지혜를 사랑하니까 결혼하겠다고 합니다. 덕분에 오랜만에 결혼 앨범을 뒤적인 부부는 그 옛날 사랑했고 함께 오래오래 살고 싶었던 때를 되돌아봅니다. 이 책으로 설레고 기다려지는 결혼을 선물하세요.

『아모스와 보리스』 | 윌리엄 스타이그 글·그림 | 우미경 옮김 | 시공주니어

## 기억의 힘으로
## 사랑은 언제나
## 현재진행형

　미국 그림책 작가 윌리엄 스타이그의 『아모스와 보리스』는 전혀 다른 존재간의 사랑과 우정을 그린 그림책입니다. 주인공은 육지에 사는 쥐와 바다에 사는 고래입니다.

　바다를 사랑한 생쥐 아모스는 바다 저 먼 세계가 궁금해 배를 만듭니다. 낮에는 배를 만들고, 밤에는 항해술을 공부하던 아모스는 드디어 바다로 나갑니다. 갑판에 누워 끝없이 펼쳐진 하늘을 바라보며 이 넓은 세상에 나는 얼마나 작은 존재인가를 느끼던 아모스는 그만 바다에 떨어집니다. 비까지 내립니다. 그때 거대한 고래 보리스가 지나가다 그를 구해줍니다. 하지만 쥐와 고래가 오랫동안 함께 있을 순 없죠. 이들은 영원한 친구임을 맹세하고 헤어집니다. 절대 잊지 않을 거라고 약속하면서.

　그후 여러 해가 지나고 거세게 몰아친 허리케인 때문에 이번에는 보리스가 아모스가 살고 있는 해변으로 밀려옵니다. 뜨거운 햇살 아래 거대한 몸을 드러낸 보리스. 절망적인 순간, 아모스가 나타납니다. 보리스는 읊조리죠. 저 조그만 쥐가 어떻게 나를 구하겠어. 하지만 아모스는 바다코끼리를 데리고 와 보리스를 바다로 밀어

보내줍니다.

보리스는 먼 바다로 헤엄쳐 가고, 아모스는 그런 보리스를 보면서 서로 작별 인사를 나눕니다. 아모스와 보리스는 다시는 서로 만날 수 없다는 것을 알지만 또 서로 절대 잊지 않으리라는 것도 알고 있습니다.

이렇게 마무리되는 그림책은 육지의 작은 동물인 쥐와 바다를 헤엄치는 거대한 고래라는 전혀 다른 존재, 도저히 어울리지 않는 존재가 우연히 만나 서로의 인생에서 잊을 수 없는 중요한 존재가 되는 것을 그리고 있습니다. 하지만 이 그림책을 볼 때마다 정작 책 속 이야기보다 그 다음 이야기가 궁금해지곤 합니다. 소중하지만 영원히 볼 수 없는 존재에 대한 이야기 말입니다.

그림책에서 작가는 주인공들을 이 광대한 우주 속 아주 작고 고독한 존재로 그려냅니다. 그런 우주 속, 전혀 만날 수 없는 두 존재의 만남. 한 생에서 놓칠 수 없는 존재지만 헤어질 수밖에 없다면 어떻게 해야 할까요. 결국 이들은 넓고 넓은 바다에서 보리스가 아모스를 구해 자신의 등에 태우고 다니며 보낸 즐거운 시간에 대한 기억, 아모스가 보리스를 바다로 밀어보낸 기억을 마음에 담고 살아가게 되겠지요.

돌아보면 우리가 보낸 그 많은 시간들은 모두 기억으로 차곡차곡 쌓입니다. 내 몸에 내 마음에 기억으로 흔적을 남기죠. 함께 했던 시간, 함께 했던 추억으로 그 사람을, 그 시간을, 그 순간을 생각하며 그 추억의 힘으로 살아갈 때 그 순간 비로소 사랑은 완성되는

> 사랑이란 기억입니다.
> 누군가와 함께 했던 시간, 함께 했던 추억,
> 그 사람을, 그 시간을, 그 순간을 생각하면
> 마음 저 밑까지 따뜻해지는 느낌을 기억하는 것,
> 그 추억의 힘으로 살아가는 것,
> 사랑은 그 순간에 완성되는 것인지도 모릅니다.

것인지 모릅니다. 기억의 힘으로 사
랑은 끊임없이 현재진행형이 될 수 있습니다.

### 뜻밖의 이별에 슬퍼하고 있는 이에게
### 때로 한 권의 책이 위로가 되어줍니다

우리 삶은 크고 작은 이별과 상실의 연속입니다. 때로 빛났거나 암울했던 시절에 작별을 고하며, 만나고 헤어지고, 사랑하고 이별합니다. 일생을 통해 누군가를 변함없이 열렬히 사랑한 행운의 주인공도 결국 죽음이라는 이별의 운명을 피할 수 없습니다. 아프게도 우리는 속절없이 이별과 함께 살아갑니다.

누군가는 상실이야말로 인생의 가장 큰 수업이라고, 어떻게 만나느냐보다 어떻게 이별하느냐가 진정한 사랑을 완성한다고 하지만 사랑하는 이와 헤어져 깊은 슬픔에 빠진 사람들에겐 너무나 이성적인 말일지 모릅니다.

이 책이 이별 뒤 슬픔을 다독이는 좋은 위로가 될 수 있습니다. 당신 마음속에 남아 있는 그에 대한 기억, 그것이 살아가는 힘이 된다는 것을 이 책은 따뜻하고 안정되게 보여줍니다.

● 함께 읽어보세요 ●

『눈사람 아저씨』
레이먼드 브리그스 지음 | 마루벌

자신이 만든 눈사람과 멋진 북극 탐험을 벌이는 꼬마. 눈사람과 함께 한 기억은 선명한데, 다음날 아침 일어나보니 눈사람은 녹아 사라져버렸죠. 그건 그냥 꿈이었을까요.
꿈처럼 사라진 추억의 시간. 모든 것이 눈처럼 녹아 사라져도, 모두 사라지는 것은 아닙니다. 그 추억은 오랫동안 남아 당신의 몸과 마음에 기억될 테니까요. 아주 시간이 지난 뒤 돌아봐도 언제나 그 자리에게 당신을 기다리고 따뜻하게 안아주는 추억입니다. 〈워킹 인 디 에어〉Walking in the Air가 흐르는 애니메이션이 더 좋습니다.

「언제까지나 너를 사랑해」 | 로버트 먼치 글 | 안토니 루이스 그림 | 김숙 옮김 | 북뱅크

# 돌고 도는 사랑,
## 그 질량불변의
### 법칙

하늘에는 보름달이 떠 있고 별이 총총하게 빛나는 밤 젊은 엄마가 작은 아이를 꼭 안고 있는 장면에서 그림책은 시작합니다. 엄마는 사랑하는 아이를 따뜻하게 안고 언제까지나 사랑한다는 노래를 나지막히 부릅니다.

아이는 자랍니다. 꼬마가 되고, 학교에 들어가고, 10대 반항아가 되고…. 그 동안 얼마나 많은 일들이 일어나겠습니까. 집 안을 어지르고 물건을 깨트리는 것은 기본이고, 학교에선 말썽을 부리고 도저히 대화가 되지 않는 사춘기를 거치기도 합니다. "정말 내가 못 살아." "내가 너 때문에 미치겠어." 엄마는 혼잣말을 내뱉지요. 하지만 그런 날 밤에도 엄마는 어김없이 잠든 아이의 침대 곁으로 와서 사랑스러운 눈으로 때로는 걱정스런 눈으로 바라보며 그 노래를 부릅니다.

아이가 어른이 되어 독립한 뒤에도 밤이 돼 주위가 어둑해지면 엄마는 때때로 버스를 타고 이웃 마을 아들 집으로 가서 자고 있는 아들에게 노래를 불러줍니다. 이렇게 어머니의 노래와 함께 아이는 커서 결혼을 합니다. 그 시간만큼 어머니는 늙어갑니다.

“한참 창밖을 바라보던 그는 어머니의 노래를 딸에게 들려줍니다.
딸아이는 먼 훗날 아버지에게 그 노래를 불러주게 되겠지요.
누군가의 사랑으로 내가 크고, 나는 그 사랑을 누군가에 주고,
그렇게 이 세상에 사랑의 질량은 보존되는 모양입니다.”

어느 날 어머니는 몸이 불편해 더 이상 아들을 보러갈 수 없게 됩니다. 어머니는 이제 아들에게 자신을 보러 와달라고 부탁합니다. 어머니를 찾아온 아들. 이제는 자신이 어머니를 돌봐줘야 한다는 것을 알게 된 아들은 침대에 누워 있는 엄마 곁에 앉아, 작고 연약해진 어머니를 위해 어머니가 평생 자신에게 불러준 그 노래를 돌려줍니다. 언제까지나 어머니를 사랑한다고 말이지요.

어머니를 만나고 온 그날 밤, 아들은 쉽게 잠을 이루지 못합니다. 얼마나 많은 생각들이 그의 머리와 마음에 가득하겠습니까. 어머니가 자신에게 노래를 불러준 긴 시간을 생각했을 것이고, 어느새 늙어버린 어머니 생각에 마음이 아릿했겠지요.

한참 창밖을 바라보던 그는 곤히 잠든 딸을 보러갑니다. 그리고 딸을 안고, 어머니가 자신에게 평생 불러준 노래를 딸에게 들려줍니다. 아들의 딸아이는 먼 훗날 아버지에게 들었던 노래를 자신의 아버지에게 불러주게 되겠지요. 어머니에게서 아들에게, 그 아들에게서 딸에게로 노래는 이렇게 돌고 돌면서 아래로 아래로 전해지겠지요.

그림책은 이렇게 대를 이어 흘러가는 사랑을 들려줍니다. 누군가의 사랑으로 내가 크고, 나는 그 사랑을 누군가에 주고, 그렇게 이 세상에 사랑의 질량은 보존되는 모양입니다.

우리는 아이를 키우면서 많은 것을 배웁니다. 대가를 바라지 않는 사랑, 무조건 주고 싶은 사랑을 아이를 통해 배웁니다. 그러면서 언젠가 우리도 그런 무조건 주고 싶은 사랑을 받으며 자랐다는 사

실을 떠올리곤 하지요. 때때로 부모님에게 그 사랑을 돌려줘야 한다고 생각하면서요.

하지만 알면서도 자기만의 세계가 생기면 부모님께 전화 한 통 하는 것도 자꾸 후순위로 밀립니다. '내리사랑'이라는 말처럼 세상의 모든 아들과 딸은 불효자 불효녀의 운명을 타고 났습니다. 그래서 이 그림책을 펼친 밤이면 마음이 없어서가 아니라, 그저 살기 바빠 잠시 옆으로 밀쳐둔 '엄마 아빠'가 많이 보고 싶어집니다.

**사랑한다고 말하지 못한 부모님께**

많은 이들이 이 책을 자신의 아이들에게 읽어주며 '엄마 아빠가 너를 얼마나 사랑하는지' 이야기하겠지요. 하지만 동시에 "아 나도 어렸을 때 저랬겠구나, 엄마 아빠가 나를 키우면서 이런 마음이었겠구나"하는 생각도 하게 됩니다. 자신들 역시 엄마 아빠에게서 이렇게 많은 사랑을 받고 자랐을 것이라는 사실은 위로가 됩니다. 부모님께 이 그림책을 선물하고 싶습니다. '사랑한다'는 말과 함께 말입니다.

● 함께 읩어보세요

『우리 엄마』
앤서니 브라운 글·그림 | 허은미 옮김 | 웅진주니어

『우리 아빠가 최고야』
앤서니 브라운 글·그림 | 최윤정 옮김 | 킨더랜드

아이의 입장에서 엄마 아빠가 얼마나 놀라운 존재인지 보여주는 책입니다. 마지막엔 자신이 엄마 아빠를 얼마나 사랑하는지 말하고 포옹하는 것으로 마무리하죠. 엄마 아빠의 사랑에 대해 이야기하는 그림책의 매우 전형적인 구조이고 흐름입니다.
하지만 이 두 편은 『고릴라』 『동물원』 『돼지책』 등 전작을 통해 바쁜 아빠, 외로운 아이, 폭력적인 아빠, 집안일에 지친 엄마 등 가족과 가족 때문에 받는 고통을 냉정하고 차갑게 그려온 작가의 작품이라는 점에서 특별합니다. 왠지 이제 나이든 작가가 자신의 엄마 아빠에게 보내는 선물 같다는 느낌은 저만의 것일까요?

「엄마 마중」 | 이태준 글 | 김동성 그림 | 보림

## 당신을 믿어주는
## 단 한 사람이
## 있다면

학교에서 집까지 단박에 뛰어와 '엄마!' 하고 기운차게 불렀는데 집 안이 고요합니다. 엄마가 집에 없을 뿐인데 공기도 달라져 있습니다. 엄마가 없는 집은 대낮이지만 깊은 우물같이 짙은 어둠에 휩싸여 있습니다. 빛과 윤기로 반짝거려야 할 집 안에 눅눅하고 서늘한 기운이 감돌고 있습니다. 슬픔을 넘어 무섬증이 듭니다. 그래서 엄마 없는 오후를 생각하는 것만으로도 울적합니다.

이런 감정을 느껴본 이들이라면 틀림없이 김동성의 『엄마 마중』을 읽다가 눈물을 흘릴지도 모르겠습니다. 표지에 동그마니 서 있는 아이의 복장으로 짐작하겠지만, 1938년 『조선아동문학집』에 실린 이태준의 짧은 동화에 김동성이 그림을 더해 만든 그림책입니다. 이 책에서 김동성은 그림만의 서사를 만들어 원작과 또 다른 이야기를 들려주고 있습니다.

책장을 넘기면 누런빛이 도는 한복을 입고 방한용 모자를 쓴 어린 아이가 걷고 또 걸어 어디론가 가고 있습니다. 추운 겨울인데 장갑도 없이 전차 정류장으로 가고 있습니다. 전차가 들어올 때마다 혹시 엄마가 타고 있는지 묻습니다. 바쁜 차장은 쌀쌀맞게 대꾸하고는 냅다 제 갈 길로 가버립니다. 이내 아이는 묻기를 포기하고 그 자리에 서서 전차를 기다리고 또 기다립니다.

이 그림책에서 가장 설레는 부분은 기다림의 대목입니다. 저 멀리 전차 소리가 들리고 전차가 손톱만 하게 보이기 시작하면 아이는 설렙니다.

엄마가 타고 있을지 모르는 전차는 평범할 수 없습니다. 아이의 마음속에서 전차는 푸른 바닷속을 유영하듯 미끄러져 정류장으로 들어오기도 하고, 하늘 위를 덩실 날아오듯 달려오기도 합니다. 아이의 마음속에 가득 찬 기대가 판타지를 만들어냅니다.

가장 가슴 아픈 장면은 종로거리에서 우두커니 서 있는 아이의 모습입니다. 해는 뉘엿뉘엿 저물어 거리는 어두워지고, 눈마저 내리는데 엄마는 오지 않습니다. 그림은 거리에 서 있는 아이를 원경으로 보여주다가 점차 클로즈업해 아이의 코앞까지 독자를 바짝 데려갑니다. 그리고 기어코 추위에 코가 빨개진 아이의 옆얼굴을 보여줍니다. 가슴이 철렁합니다. '아이는 엄마를 만났을까?' 누구나 이렇게 물을

"우리 엄마 만 오?"

수밖에 없습니다.

　김연수는 소설 『원더 보이』에서 '엄마는 어떤 경우에도 나를 사랑하고 지지하는 사람'이라고 말합니다. 아이들에게 엄마는 절대적이고 원초적인 대상입니다. 이 세상에 단 한 사람, 어떤 경우에라도 무조건 나를 믿어주는 사람이 있다면 그 사람은 엄마입니다. 그래서 다 큰 남자들이 아내는 무슨 생각을 하는지 알 수 없는데 엄마는 알 수 있다고도 말합니다. 모성 또한 다른 이데올로기처럼 만들어진 신화일지라도 우리는 이 세상에 사는 마지막 그날까지 엄마를 그리워하고 기다릴 수밖에 없도록 태어났습니다.

　꼭 엄마가 아니라도 인간이란 누군가 나를 믿어주는 단 한 사람이 있다면 힘을 내어 살아갈 수 있습니다. 지금 내 곁에 없을지라도 기억 속에 한 사람은 있습니다. 지치고 힘들 때 그 사람을 떠올려보세요. 견디기가 훨씬 나을 겁니다. 할 수 있다면 누군가에게 그런 사람이 되어주세요.

“인간이란 누군가 나를 믿어주는 단 한 사람이 있다면
힘을 내어 살아갈 수 있습니다.
지치고 힘든 순간일수록 그 사람을 떠올려보세요.
누군가에게 그런 사람이 되어줄 수 있다면 더 좋겠지요.”

### 당신을 이렇게 기다리고 있습니다

김동성은 마지막 장에 엄마 손을 잡고 사탕을 들고 집으로 돌아가는 아이를 아주 작게 그려넣었습니다.

시종일관 단색과 컬러의 대비를 현실과 환상의 경계로 풀어낸 작가의 의도대로 해석하자면, 엄마를 만난 건 현실이 아니라 꿈입니다. 그렇다면 아이는 영영 엄마를 만나지 못했다는 뜻이라 가슴이 덜컹 무너집니다.

하지만 해석의 자유는 독자에게 있는 법이니 그림책을 읽은 그 순간의 마음대로 느끼시면 좋겠습니다. 누군가를 애타게 그리워하고 있는 사람들 혹은 그런 마음을 전하고 싶은 누군가에게 선물하셔도 좋습니다.

● 함께 읽어보세요 ●

『이상한 엄마』
백희나 글·그림 | 책읽는곰

『구름빵』『장수탕 선녀님』의 작가 백희나가 일하는 엄마의 애환을 담아낸 그림책입니다. 김동성의 『엄마 마중』이 일하러 간 엄마를 기다리는 이야기라면, 『이상한 엄마』는 아이에게 돌아가야 하는 엄마의 조마조마한 마음을 이야기합니다. 아이 때문에 아등바등하며 살고 있는 직장 맘이라면 눈물을 펑펑 쏟을 수도 있습니다.

「애너벨과 신기한 털실」 | 맥 바넷 글 | 존 클라센 그림 | 홍연미 옮김 | 길벗어린이

# 응원이
# 필요한 분께
# 마음 건네기

얼마 전 잘 다니던 직장을 그만 두고 새로운 일을 시작하는 친구를 만났습니다. 낯선 나라의 발음하기 어려운 이름을 가진 마을로 오랫동안 봉사활동을 떠날 예정이라고 했어요. 늦기 전에 하고 싶은 일을 해야겠다는 결심을 한 거죠.

떠날 날이 다가오는데 요즘 살짝 흔들리고 있다며 힘들다고 했습니다. 부모 형제며 가까운 사람들은 '돈이 나오는 일도 아닌데 뭐 하러 새삼스럽게 고생을 하느냐?'며 반대하고 있습니다. '현지 상황도 잘 모르고 섣부르게 도전하는 건 아닐까?', '이 나이에 잘 하는 짓일까?'라는 혼자만의 고민도 떨쳐지지 않는다고 합니다. 친구는 "어서 거기 도착해서 몸이 바빠져야 해"라며 가만히 웃었습니다.

**❝자신의 신념대로 외로운 길에 도전하는 사람들이 있습니다. 그런 분들께 따뜻한 응원을 건네고 싶다면 이 책은 그 마음에 꼭 맞는 그림책입니다.❞**

이처럼 많은 사람이 말리지만 좀 더 의미 있는 일, 세상의 기준과 좀 어긋나 있지만 자신의 신념대로 외로운 길에 도전하는 사람들이 있습니다. 그러려면 낯선 출발을 결행하고 선뜻 되돌아오기 힘든 장소에 자기 자신을 데려다놓은 뒤 그 안에서 긴 시간을 보내야 합니다. 저는 그런 친구에게 따뜻한 응원을 해주고 싶었습니다. 맥 바넷과 존 클라센의 『애너벨과 신기한 털실』은 그런 제 마음에 꼭 맞는 그림책입니다.

이야기는 '어디를 보아도 새하얀 눈과 굴뚝에서 나온 까만 검댕 밖에 보이지 않는 작고 추운 마을'에서 출발합니다. 외톨이 애너벨은 집 앞 마당에서 갖가지 색깔의 털실이 들어 있는 조그만 상자를 하나 발견합니다. 이 상자가 놓인 걸 처음 본 건 아마도 애너벨의 강아지인 것 같습니다.

애너벨은 그 털실로 스웨터를 떠서 자기도 입고 강아지 마스에게도 한 벌 입혀줬지만 털실은 아직도 남아 있었습니다. 강아지와 함께 커플 스웨터를 입고 집을 나선 애너벨에게 한 동네 사는 네이트는 "너네 정말 웃긴다"고 차가운 비웃음을 던집니다. 그런 네이트에게 애너벨은 커플 스웨터 한 벌을 더 떠서 다정하게 건네주고 미안해진 네이트는 멋쩍게 웃습니다.

털실은 아직도 남아 있었습니다. 애너벨은 이 추운 마을에 사는, 마음이 얼어붙은 사람들 모두에게 스웨터를 한 벌씩 선물합니다. 특이한 복장을 나무라는 선생님과 몸집이 유난히 큰 팬들턴 아저씨와 작은 루이스 아저씨도 이제 애너벨의 스웨터를 받았습니다. 스웨터를 절대 입지 않는 크랩트리 아저씨에게는 털모자를 선물했지만요. 사람들의 마음은 녹고 마을은 점점 포근한 것들로 뒤덮입니다. 강아지, 고양이, 나무, 지붕, 벽까지도 애너벨의 스웨터로 겨울을 나지만 털실은 끝없이 남아 있었습니다.

애너벨이 사는 마을은 더 이상 작고 추운 마을이 아니었습니다. 애너벨의 스웨터에 관한 소문은 멀리까지 퍼졌고 소문을 듣고 찾아온 먼 나라의 힘센 귀족은 애너벨에게 그 털실상자를 팔라고 말합니다. 애너벨은 단호하게 털실상자를 팔 수 없다고 말합니다. 아무리 많은 돈을 준다고 해도 이 털실은 절대로 팔지 않겠다는 것입니다. 결국 도둑을 고용해서 애너벨의 털실상자를 훔쳐간 귀족은 털실상자를 열어보고 깜짝 놀랍니다. 무슨 일이 있었던 걸까요?

'남 좋은 일'이라는 말이 핀잔으로 쓰이고, 돈이 안 되는 일은 죽어가는 생명의 목숨을 살린다고 해도 나서지 말고 한발 물러서라고 권하는 차가운 세상입니다. 너도나도 황금의 무게를 환산하는 이 냉동고 같은 세계 안에서 내가 오

늘 얼어죽지 않고 버틸 수 있는 것은 누군가가 나를 위해 묵묵히 스웨터를 짜고 있기 때문일 것입니다. 우리는 그 스웨터 덕분에 겨울을 나면서도 그 고마움으로부터 눈길을 돌리고, 때로는 스웨터 짜는 사람의 어리석음을 비웃기도 합니다. '얼마면 되겠어?'라며 털실상자 값을 흥정하는 귀족의 모습에서 우리도 자유롭지 않습니다.

마을에서 가장 행복한 사람은 금고를 등지고 앉아 누군가를 위해 홀연히 스웨터를 짜주는 사람, 애너벨일 것입니다. 귀족이 움켜쥐려고 했던 것은 '영원한 털실의 마법'이 아니라 그 털실로 바꿀 수 있는 돈이었을 것입니다. 그가 그토록 바라는 돈은 아무리 많이 주어진다고 해도 언젠가 다 쓰고 없어지겠지만 상자 속 털실로 짠 스웨터로 추운 마을과 사람들을 덮어주는 애너벨의 사랑은 영원히 남아 있을 것입니다.

제 친구는 그 무엇으로도 바꿀 수 없는 소중한 꿈을 향해서 첫걸음을 떼었습니다. 더 많은 사람을 이롭게 하겠다는 친구의 꿈이 누구보다 먼저 그 자신을 행복하게 해줄 거라고 생각합니다. 세상의 기준으로 측정되지 않는 꿈은 불안하다고들 말합니다. 그러나 불안함의 기준이란 과연 어디에 맞춰져 있는 걸까요.

떠나는 그를 응원하기 위해 영양제를 챙기고 따뜻한 스웨터 한 벌을 꾸러미에 넣으면서『애너벨과 신기한 털실』을 선물하기로 했습니다. 어떤 날카로운 추위가 우리를 끝장낼 것처럼 달려들더라도 뜨개바늘을 든 사람이 있는 한 털실상자의 기적은 끝나지 않을 테니까요.

### 당신의 꿈을 응원합니다

애너벨이 털실상자를 팔지 않은 이유는 그 상자가 돈으로 바꿀 수 없는 것이기 때문이었습니다. 세상 사람들이 돈이면 다 된다고 말하는 것은 어쩌면 돈으로 다 되지 않는 일이 더 많기 때문일지도 모릅니다. 사람들을 돈 앞에 억지로 붙잡아놓으려면 그들을 현혹해야 할 테니까요. 꼭 봉사활동이 아니라도 어려운 공부, 작은 가게, 험난한 귀농, 그 밖에 금방 돈이 되지 않는 직업을 자신의 꿈으로 선택한 사람이라면 누구에게든 이 책은 든든한 힘이 될 것 같습니다.

● 함께 읽어보세요 ●

『뜨개질 할머니』
우리 오를레브 글 | 오라 에이탄 그림 | 이은정 옮김 | 문학동네

이 책은 뜨개질로 무엇이든 만들어내는 다정한 할머니가 나옵니다. 뜨개질 할머니는 카펫과 슬리퍼와 침대와 집을 뜨고 나서 이 삭막한 세상이 구하지 못한 아이들과 그 아이들의 웃는 마음까지 뜨개질로 떠서 만들어냅니다. 학교는 이 뜨개질 아이를 받아줄까요. 마치 뜨개질의 마술을 보는 것처럼 할머니의 신기한 손뜨개 솜씨를 따라가는 재미가 큽니다. 그리고 인상적인 반전을 맞이하게 됩니다. 뜨개질 할머니의 모습은 애너벨의 미래를 보는 것 같아서 두 권을 함께 읽으면 더더욱 흥미롭습니다.

『리디아의 정원』| 사라 스튜어트 글 | 데이비드 스몰 그림 | 이복희 옮김 | 시공주니어

행복을
마중하러
가세요

어떤 어려움에도 좌절하지 않고 꿈을 꾸는 주인공이라면 우리가 사랑하는 빨간 머리 앤이 있습니다. 앤은 '사람들의 인생에 아름다움을 더해주고 싶다, 사람들이 자신으로 인해 더욱 기쁘게 살아가면 좋겠다'고 말합니다.

여기 또 한 명의 앤이 있습니다.『리디아의 정원』의 주인공 리디아입니다. 사라 스튜어트가 쓰고, 데이비드 스몰이 그린『리디아의 정원』속 리디아는 자신뿐 아니라 주변까지 따뜻하게 만드는 긍정 에너지입니다.

대공황 이후 실업자들이 쏟아져나온 1935년, 리디아는 멀리 떨어진 외삼촌 집에 가야 할 처지가 됩니다. 아빠는 실직 상태이고 엄마의 일감도 떨어져 집의 부담을 덜어야 했기 때문입니다. 어느 날 느닷없이, 그동안 한 번도 만난 적 없는 친척 집에 가야 한다면 어떨까요.

하지만 이 작은 꼬마는 꽤 단단합니다. 리디아를 보내는 엄마, 아빠, 할머니는 눈물범벅이지만 리디아는 외삼촌 동네엔 집집마다 창밖에 화분이 있다는 사실에 즐거워합니다. 어쩌면 어른들을 걱정시키지 않기 위해 즐거운 척을 한 것인지도 모릅니다. 어려움은 사람을 좌절시키기도 하지만 성장시키기도 합니다. 하지만 참 고통스런 성장이지요.

리디아는 처음 본 외삼촌에게 딱 한 가지를 부탁합니다. 바로 꽃을 심는 것입니다. 아빠의 실직, 낯선 동네, 언제 돌아갈지 알 수 없는 기약없는 답답함 속에서도 리디아는 외삼촌의 빵집 주변에 꽃을 심고, 꽃을 피워 이웃들에게 선물합니다. 사람들 모두 그를 '원예 아가씨'라고 부르죠. 썰렁한 무채색 건물은 꽃이 예쁘게 핀 따뜻한 장소가 되고 리디아 덕에 외삼촌네 빵집엔 손님들이 줄이어

144

> "이 작은 꼬마처럼
> 자기 안의 에너지를 찾아내
> 자신을 밝히고 주변까지 따뜻하게
> 해줄 수 있다면 얼마나 좋을까요.
> 행복도 마중 나오는 사람에게
> 더 빨리 손을 내밀 것 같습니다."

찾아옵니다. 하지만 표정이라곤 없는 외삼촌은 아직도 웃지 않습니다.

그래서 리디아는 비밀 계획을 세웁니다. 가게 건물 옥상에 꽃을 심어, 외삼촌을 위한 멋진 정원을 만들어주겠다는 것이죠. 계획의 목표는 외삼촌을 웃게 만들겠다는 것. 잃어버린 웃음을 돌려주겠다는 것입니다.

D데이. 한쪽에 작은 테이블이 마련된, 꽃과 식물들로 가득 찬 옥상 정원으로 외삼촌을 데리고 옵니다. 웃음 근육이 마비된 외삼촌은 이번에도 무표정입니다. 쑥스러워 웃지 못했지만 마음속으로는 웃고 있었겠죠.

아빠가 취직을 해 다시 집으로 돌아가게 된 리디아, 그림책의 마지막 페이지, 플랫폼에서 외삼촌은 여전히 웃지 않습니다. 하지만 리디아를 꼭 끌어안습니다.

그림책은 어려운 시간을 스스로 아름답게 만든 리디아의 성장담이자, 세상에 지친 외삼촌의 뒤늦은 성장 이야기이기도 합니다. 외삼촌은 리디아가 돌아가도 리디아가 없었던 무채색 과거로 돌아가지는 않겠지요. 아니 돌아가지 않기를 바랍니다. 외삼촌의 마음도, 이웃과의 관계도 이미 다시 돌아갈 수 없을 만큼 바뀌었을 테니까요.

이 작은 꼬마처럼 어려움 속에서도 스스로 자기 안의 에너지를 찾아내 자신을 밝히고 주변까지 따뜻하게 해줄 수 있다면 얼마나 좋을까요. 어려움 속에서 스스로 행복을 찾아 마중갈 수 있다면 정말 행복해지겠죠. 행복도 마중 나오는 사람에게 더 빨리 손을 내밀 것 같습니다. 주위에 리디아 같은 친구가 있으면 좋겠다 생각하다가 주변 사람들에게 리디아 같은 친구가 되면 좋겠다고 생각해봅니다. 정말 어려운 일이긴 하겠지만 말입니다. 리디아처럼 엄청난 긍정 에너지를 적극적으로 내뿜을 수 없다 해도 자기만의 방식대로 주변을 사랑하는 것, 그건 누구나 해야 할 일이라는 생각이 듭니다. 그게 우리 어른들의 성장담이지 않을까요.

### 때로 한 권의 책이 더 큰 응원이 될 때가 있습니다

누구에게나 새로운 환경, 새로운 도전은 두렵습니다. 그런 가족, 친구, 동료에게 격려를 해주고 싶은데 말이 잘 나오지 않는 경우가 있습니다. 그런 말을 건네는 것이 부담스럽거나, 혹은 상대가 격려의 여지를 주지 않을 때가 있습니다. 그럴 땐 말 대신 이 그림책을 선물하면 좋겠습니다.

● 함께 읽어보세요 ●

『미스 럼피우스』
바버러 쿠니 글·그림 | 우미경 옮김 | 시공주니어

어린 시절 꿈대로 바닷가 집에 정착해 어릴 적 했던 할아버지와 약속을 지키기 위해 마을 곳곳에 꽃씨를 뿌립니다. 다른 사람과 함께 행복해지는 삶, 이를 위해 꽃씨를 뿌리는 삶에 대한 이야기가 아름답게 펼쳐집니다.

「저마다 제 색깔」 | 레오 리오니 글·그림 | 이명희 옮김 | 마루벌

## 나만의 색깔을
## 사랑하는 법

자기가 어떤 인간인지 문득 스스로 묻게 된다면, 그것이 한탄 섞인 자책으로부터 시작되었다면, 인간관계에 문제가 생겼을 경우이기 쉽지요. 천둥벌거숭이로 뛰어놀던 시절에도 친구와 다투거나 토라질 때면 구석 자리에 웅크린 채 곰곰이 생각에 잠겼던 기억이 납니다. 그 아이가 정말 내 친구일까? 친구라면서 어찌 그럴 수가 있나? 원래 나쁜 아이를 친구로 잘못 사귀었던가? 내가 나빠서 나쁜 친구를 사귀었나? 아니, 자기가 나쁜 탓에 친구가 그리 했나? 친구 따위, 없어도 좋지 않을까? 내게 꼭 맞는 친구가 있을까? 내게는 어떤 친구가 맞을까? 나는 어떤 사람인가?

『저마다 제 색깔』은 '나란 누구인가?' '친구는 어떻게 생기는가?' '나와 진정한 관계를 맺을 친구는 어떻게 알아보는가?' '우리는 어떻게 누구와 관계 맺고 사랑하게 되는가?' 같은 것을 생각하게 해주는 그림책입니다. 심지어 자신만이 지닌 놀라운 특성을 깨닫지 못하고 오히려 못마땅해 하며 부정하는 누군가를 깨우치기에도 적절한 그림책이지요.

물방울 하나가 눈물로도 읽히고 거대한 파도의 포말로도 읽히

듯, 훌륭한 그림책은 읽을 때마다 매번 새로운 감동과 성찰을 일깨워요. 더구나 레오 리오니의 그림책들은 평생 디자이너로 일하고 가르치며 살아온 경험을 바탕으로 손주들을 위한 선물로 빚은 노련한 결과물입니다. 간단히 정의내릴 수 없는 인생의 다양한 국면, 인간과 세계에 대한 근본 원리, 삶의 본질에 관한 탐구를 철학적 질문과 대답으로 그득히 채워내지요.

차례차례 등장하는 앵무새·금붕어·코끼리·돼지 그림이 재미있다 싶은데, 문득 카멜레온이 등장하면서 내레이션이 뜻밖의 얘기를 시작합니다. '모두들 저마다 제 색깔이 있는데 카멜레온만 없다'고 말이지요. 카멜레온에 대한 상식과 정보가 많은 독자일수록 물음표가 많아져요. '뭐라고? 카멜레온이 색깔이 없다고? 카멜레온은 색깔이 너무 많은 줄 알았는데? 언제 어디서나 자기를 숨길 수 있는 멋진 특성의 소유자가 아닌가?'

주인공 카멜레온은 그런 자신만의 놀라운 특성이 그리 마뜩치 않습니다. 오히려 단점으로 여기지요. 그러고는 아주 엉뚱한 소망을 품기에 이릅니다. 즉 변치 않는 자기만의 색깔을 지녔으면 하고 바라는 거지요. 궁리 끝에 늘 푸른 나뭇잎(늘 푸르다고 생각한 나뭇잎) 위에 앉기로 마음먹고, 푸른 잎 중에서도 가장 푸른 잎을 골라 자리를 잡습니다. 하지만 가을이 되어 나뭇잎이 노랗게 물들자 카멜레온도 노랗게 물들어요. 카멜레온의 실패는 계속됩니다. 나뭇잎이 붉어지면 카멜레온도 붉은색, 기나긴 겨울밤이 되면 카멜레온 또한 캄캄하고 컴컴한 색이 되고 맙니다. 겨울이 가면 봄이 옵

❝"우리 둘이 함께 있으면, 우리 둘은 언제나 같은 색깔일 거야"
홀로일 때엔 결코 얻을 수 없었던 이 혜안으로
카멜레온은 자기들의 특성을 사랑하며 누린 덕분에
마침내 색깔의 경계를 뛰어넘습니다.
더없이 유쾌한 결말이 아닐 수 없습니다.❞

니다. 완연히 달라진 세상에서 우리의 주인공 카멜레온의 몸 빛깔은 다시 한 번 바뀝니다.

카멜레온은 이제 초록 풀밭에 있게 되고, 거기서 다른 카멜레온을 만나요. 한눈에 반갑고도 미더워서, 홀로 품고 있던 소망을 털어놓지요. 자신만의 색깔을 갖고 싶다고 말이지요. 하지만 돌아온 답은 단호합니다. 카멜레온이란 한 가지 색깔을 가질 수 없는 법이라고요. 그러면서 카멜레온끼리 친구가 되면 그 문제에서 벗어날 수 있다고 멋진 세레나데를 읊어요. "우리 둘이 함께 있으면, 가는 데마다 색깔이 변하더라도 우리 둘은 언제나 같은 색깔일 거야"라고요. 홀로일 때엔 결코 얻을 수 없었던 이 혜안이 제게는 '자기 색깔을 사랑하는 자만이 진정한 짝을 얻으리라'는 잠언으로 메아리친 적도 있었어요.

그렇게 해서 카멜레온 둘은 함께 지내며 언제 어디서나 같은 색깔로 오래오래 행복하게 잘 살았다고, 카멜레온 둘이 해피엔딩 인사를 하는 마지막 장면은 더없이 유쾌합니다. 땡땡이 무늬 버섯 위에 앉아 있는, 땡땡이 무늬 카멜레온이라니요! 전직 디자이너 레오 리오니 특유의 전복적 위트는 카멜레온들이 자기들의 특성을 사랑하며 누린 덕분에 마침내 색깔의 경계를 뛰어넘는다는 후일담으로 읽힙니다. 브라보, 카멜레온!

### 나에게 꼭 맞는 짝은 어디 있을까, 찾는 당신께

칼릴 지브란의 『예언자』에서 알무스타파는 '사랑, 그것은 현존하는 모든 존재를 감싸고, 앞으로 나타날 모든 존재를 얼싸안기 위해 천천히 팔을 뻗는다'고 했지요.

아직 자기 색깔에 확신이 없는 채로, 우리 존재의 색깔을 함께 탐구하며 오래 믿고 사랑할 짝은 어디에 있을까 고민하며 이상적인 짝을 찾아 헤매는 청춘에게 이 그림책을 건네주세요. 자기를 믿고 사랑하게 되면, 앞으로 나타날 존재를 향해 포옹의 팔을 뻗게 될 거라는 응원의 쪽지와 함께라면 더 좋겠지요.

● 함께 읽어보세요 ●

『큰 늑대 작은 늑대』
나딘 브룅코슴 글 | 올리비에 탈레크 그림 | 이주희 옮김 | 시공주니어

같고도 다른 두 존재, 큰 늑대와 작은 늑대가 서로를 경계하고 탐색하며 친구로 받아들이기까지의 과정이 잔잔하고도 흥미진진하게 이어지는 프랑스 그림책이에요. 선뜻 다가서지 못했던 첫 만남 이후 봄 여름 가을 겨울을 거치며 무르익은 그리움 끝에 다시 만난 큰 늑대가 작은 늑대에게 건네는 말 "어디 갔었니?"가 코끝 찡하게 다가옵니다.

「고슴도치 X」| 노인경 글·그림 | 문학동네

## 나를 사랑하는
## 또다른 방법,
## 나다운 나를 위하여!

눈을 들어보면 거대한 벽이 나를 가로막을 때가 있습니다. 부패한 제도의 벽일 수도 있고 해묵은 차별의 벽일 수도 있습니다. '남들도 다 포기했으니까 너도 이제 그만 포기해'라는 회유의 속삭임, '나서면 남들이 싫어해'라는 협박도 끊이지 않습니다. 시스템에 촘촘하게 배치된 수많은 금기는 우리를 주춤거리게 만듭니다.

그러나 내가 살아 있는 사람이라는 증거는 그 견고한 벽이 흔들리기 어렵다는 것을 알면서도 그 벽을 향해서 의문을 던지고 부딪히려 든다는 사실에 있습니다. 이렇게 실존적 한계 상황을 돌파하려는 나 같은 사람이 이 벽의 어디쯤에 또 있을 거라는 생각을 하면서 힘을 냅니다.

『고슴도치 X』는 집, 학교, 일터에서 거대한 벽을 만난 사람에게 건네고 싶은 이야기입니다. 주인공은 작은 고슴도치입니다. 온갖 금기의 벽을 넘어 전체주의의 망령을 헤쳐나가는 도전적인 인물입니다. 그림책을 펼치면 푸른 숲 오른쪽에 털실로 칭칭 옭아맨 거대한 분홍빛 구체가 놓여 있고 그 위에는 위성 안테나가 달려 있습니다. 수상한 구체의 안쪽에 자리 잡은 도시의 이름은 '올'인데 두 가

지 의미를 가집니다. 시민들의 삶을 한 올 한 올 들추어 감시하고, 통제한다는 뜻이기도 하고 전체가 하나의 규율로 움직여야 한다는 의미이기도 합니다. 이른바 전체(All)의 도시인 것입니다.

어떤 존재의 어떤 행위도 시스템의 명령에 따라야만 하는 이 도시에서 발랄하고 씩씩한 고슴도치 X는 눈에 띌 수밖에 없습니다. 이곳은 고슴도치들의 도시임에도 불구하고 그 어디에서도 날카로운 존재를 만날 수 없습니다. 아침마다 가시를 부드럽게 하는 비누로 몸을 씻어야 하는 규칙이 있기 때문입니다. 날카로운 것을 지니고 있으면 일종의 특공대인 가시처리반에 끌려가 긴급한 조치를 당합니다. 학교는 날마다 모든 학생을 줄 세워 뾰족한 가시가 남아 있는지 검사하고 시민들은 아침마다 '안전한 도시 올'이라는 도시의 찬가를 들어야 합니다. 전체와 다른 목소리는 전혀 용납되지 않는 이곳에서 고슴도치 X는 '가만히 있으라'는 말을 따르지 않아서 자꾸만 벌을 받는 골치 아픈 존재입니다.

어느날 도서관에서 벌청소를 하던 고슴도치 X는 날카로운 가시로 숲속 동물들을 위기에서 구한 조상 고슴도치의 기록을 읽게 됩니다. 그 금서를 읽고 고슴도치 본연의 삶과 가시의 의미를 깨닫게 된 고슴도치 X는 남몰래 가시를 단련하는 일에 돌입합니다. '올의 지배'에서 벗어나 진짜 고슴도치가 되는 외로운 훈련을 거친 고슴도치 X는 마침내 위장된 세계의 거짓 부드러움을 돌파할 자신만의 단단한 가시를 갖는 데 성공합니다. 그리고 옳지 않은 도시 올의 거대한 벽 앞에 당당히 섭니다.

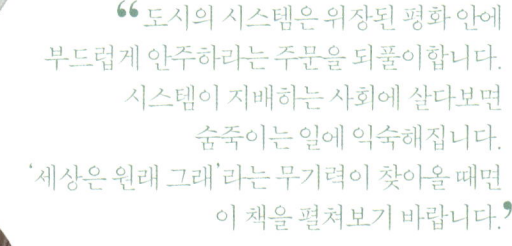

“ 도시의 시스템은 위장된 평화 안에 부드럽게 안주하라는 주문을 되풀이합니다. 시스템이 지배하는 사회에 살다보면 숨죽이는 일에 익숙해집니다. '세상은 원래 그래'라는 무기력이 찾아올 때면 이 책을 펼쳐보기 바랍니다. ”

고슴도치 X가 그동안 수많은 고슴도치들이 두려움 속에 포기했던, 자신만의 고유한 특성을 다시 획득하는 과정은 큰 감동을 안겨줍니다. 금기의 목록 앞에서 용감해지는 것은 쉬운 일이 아닙니다.

완벽하고 세련되어보이는 도시 올의 시스템은 위장된 평화 안에 부드럽게 안주하라는 주문을 되풀이합니다. 이 주문은 우리를 무기력한 존재로 만들어버립니다. 시스템이 강력하게 지배하는 사회에 살다보면 우리는 숨죽이는 일에 익숙해집니다. 다 같이 숨을 죽이다보면 언젠가 모두 숨이 끊어지게 된다는 사실을 깨닫지 못한 채 '조용히'만을 되뇌며 지냅니다. 여기에서 숨이 통하는 길을 뚫을 수 있는 것은 오직 우리들 자신입니다. 무모할 정도로 거침없는 고슴도치 X의 도전은 인공호흡 장치를 거부하고 자신의 폐활량을 되살리려는 노력이기도 합니다. 그 힘이 우리 안에도 살아 있다는 것을 보여주는 응원의 그림책입니다.

위장된 세계의 벽은 여전히 두텁고, 부딪혀 직접 돌파해야 할 문제들은 삶의 곳곳에 포진해 있습니다. '내가 할 수 있는 것은 아무 것도 없어. '세상은 원래 그래'라는 무기력이 찾아올 때면 『고슴도치 X』를 펼쳐보기 바랍니다. 우리들의 주인공이 겹겹의 털실 공을 뚫고 개인의 존엄성을 존중받는 푸른 숲으로 걸어나오는 순간, 그림책 속의 세상은 그동안 보여주었던 희미한 모노톤의 색감을 벗어던지고 선명한 채도와 명도를 회복합니다. 섬세하고 정교하게 구성된 장면들 속에서 X를 대신해 장렬하게 세상을 떠난 귀여운 존재의 정체를 잘 찾아보는 것은 흥미로운 덤입니다.

### 때로 사소하거나 때로 커다란 불의 앞에 서야 할 때

사회생활을 하다보면 부당하고 불의한 요구 앞에서 저항을 해야 할지 말아야 할지 망설이게 될 때가 있습니다. 힘 없는 개인에 불과하지만 타인과 공동체의 이익을 위해서 나서서 싸워야 하는 순간도 있습니다. 그 싸움이 직장 내 성희롱에 대한 것이든 불합리한 근무 조건에 관한 것이든 체불된 임금에 관한 것이든 시작하는 사람은 '내가 왜 이 일을 떠맡아야 하는지' 불안에 흔들리게 마련입니다. 불의한 것과 맞서는 길고 힘든 싸움을 시작하는 친구가 있다면 이 그림책을 선물해주세요. 고슴도치 X의 '뚫어!'라는 외침이 그에게 용기를 줄 것입니다.

● 함께 읽어보세요 ●

『뛰어라 메뚜기』
다시마 세이조 글·그림 | 정근 옮김 | 보림

그림책 작가 다시마 세이조는 우리 곁의 살아 있는 '고슴도치 X'였습니다. 일찌감치 큰 명성을 얻었으나 '자신의 책이 오직 상품으로서만 잘 팔린다는 사실'에 회의를 느낀 나머지 베스트셀러를 직접 절판시킵니다. 그는 생애 후반부를 치열한 환경운동가로 살아갑니다. 작업실이 있던 마을에 쓰레기 폐기물 처리장이 들어오면서 환경에 관한 고민을 시작한 것입니다.
작품 속 메뚜기는 개발의 논리로 무장한 세계를 향해 뛰어드는 다시마 세이조 자신의 모습이기도 합니다. 나 자신이 보잘것없고 한없이 무력하다고 느껴질 때 이 그림책 속 메뚜기의 날갯짓은 큰 위로와 격려가 되어 줍니다. 우리가 꿈꾸는 우리 자신의 모습이 그 메뚜기 안에 있습니다.

그림책,
이렇게 즐기세요 02

# 좋아하는 인형이 많은 어른이 되고 싶습니다

사람들은 대개 '바깥에서 보는 자신과 실제의 자신'이 조금씩은 다릅니다. 살다보면 스스로 이 사실을 깨닫는 날이 오지요. 저도 마찬가지입니다. 바깥으로 보이는 저는 좀 딱딱한 모범생 같습니다. 하지만 이런 모습은 극히 일부이고 오히려 좀 엉뚱한 일을 저지르거나, 아기자기한 물건을 좋아합니다. 예를 들어 인형을 모으는 취미처럼 말입니다. 제가 어떻게 인형을 아끼게 되었는지 말하기 위해서는 그림책을 처음 만난 이야기부터 시작해야겠습니다.

1990년대 중반 무렵 우리나라에서는 그림책 장르가 막 태동하기 시작했습니다. 외국의 명작 그림책들도 쏟아져 출간되었습니다. 존 버닝햄의 『야! 우리 기차에서 내려』나 모리스 센닥의 『괴물들이 사는 나라』 같은 고전들을 이 무렵 만났습니다. 하지만 솔직히 말해 당시 저는 이 그림책들이 왜 명작인지 공감할 수 없었습니다. 신경숙과 공지영과 전경린의 구구절절한 소설을 탐독하던 저에게 그림책은 너무나 심심한 책이었습니다. 요사이 가끔 학부모들을 만나 강의를 할 기회가 있는데, 저와 비슷한 생각을 하는 분들이 꽤 있더군요. 진지한 얼굴로 존 버닝햄이나 모리스 센닥의 그림책이 아무 재미도 없는데, 왜 유명한 건지 모르겠다고 묻습니다.

한 때 저 역시 마찬가지였습니다. 재미와 감동은 공감으로부터 나옵니다. 어른인 저는 그림책의 주인공인 아이들의 마음에 공감하지 못했던 것입니다. 엄마에게 벌을 받는 아이, 잠이 들기 싫은데 억지로 자야 하는 아이의 마음을 헤아리지 못했으니 아무리 존 버닝햄이고 모리스 센닥일지라도 그저 이름뿐인 명작이었습니다. 그림책을 즐기는 첫 번째 방법은 어린이의 마음으로 돌아가 그림책을 보는 것입니다.

물론 다 큰 어른이 대여섯 살 어린이의 마음으로 돌아가서, 그 또래의 정서를 이해한다는 건 쉽지 않습니다. 하지만 우리는 모두 어린 시절의 경험을 떠올려 볼 수는 있습니다. 비슷한 기억을 떠올릴 수 있다면 그림책 속 주인공의 마음을 헤아리는 건 그리 어려운 일이 아닙니다. 마치 우리가 드라마를 볼 때 여자 주인공에게 격하게 감정이입을 하듯 그렇게 그림책을 만나면 됩니다.

그림책을 마음으로 만나고 좋아하기 시작하면 새로운 세계가 열립니다. 저는 전에 없던 취미까지 생겼습니다. 그림책 속 주인공이 그려진 머그잔이나 숟가락, 시계나 인형 같은 걸 보면 자리를 떠나지 못하고 발을 동동 구르게 되었습니다. 인형을 모으는 취미는 이렇게 시작되었습니다. 이언 팔코너의 '올리비아', 베아트릭스 포터의 '피터 래빗'과 '벤자민 버니', 토베 얀손의 '무민' 시리즈에 등장하는 '스나프킨'과 '미이', 모리스 센닥의 『괴물들이 사는 나라』 속 '괴물들', 에릭 칼의 '배고픈 애벌레' 등등이 제 방에 모여 삽니다.

얼마 전에는 사계절 출판사 책방에 갔다가 볼프 에를브루흐가 그린 『누가 내 머리에 똥 쌌어?』의 '두더지'도 모셔왔습니다. 요즘 살까 말까 고민하는 인형은 모 윌렘스의 『내 토끼 어딨어?』에 나오는 꼬마토끼입니다. 주인공 트릭시에게 더없이 소중한 인형인데, 친구와 바꾸기도 하고, 비행기에 두고 오기도 했던 바로 그 토끼 인형입니다. 인터넷 서점 아마존에 가면 그 인형을 살 수 있는 걸 알고 얼마나 좋아했던지요. 일단 장바구니에 넣어두고 혹 다른 인형은 없나 마우스만 만지작거리고 있습니다.

이 인형들은 대개 출장길에 들른 책방에서 데리고 왔습니다. 시간으로 따지면 거의 10여 년에 걸쳐 모은 것들이지요. 일본에는 기노쿠니아나 준쿠도처럼 커다란 책방이 도심마다 있는데, 그곳의 어린이책 코너에 가면 그림책에 등장하는 주인공 인형들을 만날 수 있습니다. 물론 서점마다 사정은 달라서 그때그때 운에 맡기는 수밖에 없습니다. 또 사노 요코의 『100만 번 산 고양이』처럼 일본인들이 좋아하는 몇몇 그림책의 캐릭터는 여러 팬시용품으로도 만날 수 있습니다.

이제는 가까운 이들이 여행을 가면 부탁을 합니다. 인형 하나만 사다 달라고 말이지요. 얼마 전 한 도넛 회사의 마케팅으로 유명해진 무민은 우리나라에서는 주인공인 무민과 여자 친구 스노크 메이든 인형밖에 살 수 없습니다. 하지만 핀란드에 가면 무민 친구들을 모두 만날 수 있습니다. 제가 직접 핀란드에 가지는 않았지만,

여행을 떠나는 이에게 부탁을 해서 스나프킨과 미이를 손에 넣었지요.

저만 그런가 싶어 살펴보니, 이미 1970~80년대에 그림책의 전성기를 누린 일본은 성인 여성이 그림책 독자의 다수를 차지하고 있더군요. 어린 시절 그림책을 읽고 자란 이들이 어른이 되어서도 그림책을 찾는 거지요. 우리나라에서도 20~30대 여성들이 각별히 좋아하는 일본 작가 마스다 미리가 책 속에 종종 그림책에 대한 향수를 담아내는 이유가 여기에 있습니다. 자연 일본에는 그림책 주인공을 캐릭터로 삼아 만든 팬시상품도 많을 수밖에 없었던 거지요.

그림책은 그림으로 많은 이야기를 들려줍니다. 이야기에 등장하는 인물들의 감정이나 성격 혹은 생활수준까지도 그림을 통해 짐작할 수 있습니다. 하지만 어른들은 그림을 건성으로 볼 때가 많습니다. 저도 그랬습니다. 한데 인형을 모으고 나서는 주인공의 마음이 좀 더 구체적으로 다가옵니다. 한 인물이 지닌 다양한 모습이, 그가 처한 상황과 감정이 생생하게 다가오는 거지요. 그래서인지 "그때는 참 속이 상했겠구나", "멋진 모자를 쓰고 있네. 자랑스럽겠어" 등등 말을 걸기도 합니다.

인형 이야기를 하다보니, 모 윌렘스의 『내 토끼 어딨어?』에서 트릭시가 아끼던 꼬마 토끼의 표정이 선하게 떠오르네요. 엉뚱하게 다른 집으로 가게 되었을 때 꼬마 토끼가 얼마나 놀라던지. 아무래도 오늘 저녁에는 꼬마 토끼를 집으로 데려와야 할 것 같습니다. | 한미화, 출판평론가

셋,
우리가 받은 위로를
당신께도
전하고 싶습니다

살면서 힘들고 어려운 일 중 하나가 나의 '속수무책'을 받아들이는 것입니다. 힘을 다해 어떻게 해보려 해도 어찌 할 수 없는 일들이 참 많습니다. 최선을 다했지만 실패하기도 하고, 사랑하는 이와 헤어지기도 합니다. 내가 내 발등을 찧어 자책감에 빠지기도 하고, 내가 하지 않은 일에 억울해 가슴을 치기도 합니다.

작가 소노 아야코는 '불행은 언젠가는 큰 힘이 되는 사유재산'이라고 했습니다. '슬픔만 한 거름이 어디 있으랴'라고 읊은 시인도 있습니다. 꼭 이렇게까지 배우고 싶지는 않지만, 부인할 수 없게도 실패와 슬픔은 우리를 자라게 합니다. 다음을 위한 약이 되기도 합니다. 분명한 것은 살아 있는 한 자신에게 주어진 '삶'이라는, 정해지지 않은 길을 걸어가야 한다는 사실입니다. 이 길 위에서는 온갖 일들이 몰아치지요. 몰아치는 일들은 그저 견디는 수밖에 없습니다. 하지만 그런 일들은 역시 또 언젠가는 사라집니다.

이렇게 겪을 수밖에 없는 일들과 마주하고, 더할 수 없이 힘들 때 우리에게 절실한 것이 위로입니다. 위로는 그 품이 참 넓습니다. 우리가 살아가며 겪는 슬픔, 상실, 상처를 품어내며 괜찮다고, 괜찮다고, 다 괜찮다고 토닥여줍니다.

이런 위로가 필요한 순간에 그림책은 상당히 유능한 도구입니다. 그림책이 갖는 기본적인 세계관 때문에 그렇습니다. '어린이'로 상징되는, 우리 마음의 원형만이 가질 수 있는 선한 시선, 온전한 이해, 완벽한 사랑이 가능한 세계가 그 안에 있습니다. 그래서 저는 그림책을 위로의 책이라고 부르고 싶습니다.

그림책이 생물학적 나이를 넘어, 어른들에게도 깊은 감동을 주는 것은 살벌한 현실에는 존재하기 어려운 이 따뜻한 세계를 보여주기 때문인 것이지요. 위로라는 열쇳말로 고른 몇 권의 그림책은 다양한 상황 속에서 힘들어하는 당신께 드리는 위로의 전언입니다. 『오늘도 좋은 날』과 『밤을 켜는 아이』는 '이제 나는 실패야'라고 느낄 때조차 삶은 끝이 아님을 말해줍니다. 『민들레는 민들레』는 질긴 생명력을 보여주며 '당신도 힘내라'고 합니다. 『아기 여우와 털장갑』은 세상의 친절과 믿음을 증명하며 '생은 참 아름다운 것'이라고 다독입니다. 『여우 나무』『강아지 천국』은 사랑하는 이와 헤어졌을 때 그 존재를 어떻게 마음속 불씨로 살려놓을 수 있는지 들려줍니다. 『마지막 휴양지』『시간 상자』『나무를 그리는 사람』은 지쳤을 때 펴보면 좋은 그림책입니다.

    그림책을 펼치는 것만으로 당신은 마음 한구석이 따뜻해지는, 위로라는 큰 선물을 받을 수 있습니다. 놀라울 정도로 말이지요. 그런 위로를 통해서, 우리의 삶은 그 다음 단계로 걸어나갈 수 있는 것이 아닐까요.

『오늘은 좋은 날』 | 케빈 헹크스 글·그림 | 신윤조 옮김 | 마루벌

# 눈앞에 닥친 곤경 앞에서
# 무슨 생각을 하시나요

하루를 잘 보낸다는 것이 여간 어렵지 않습니다. 날이 저물어 잠자리에 든 아이 얼굴이 평화롭고, 그런 모습을 내려다보는 어른의 얼굴도 흐뭇해진 채 '오늘은 좋은 날!'이라고 되뇌일 만한 밤이 우리 삶에 몇 번이나 될까요. 아이가 저지른 이런저런 잘못과 실수를 품격 있는 태도와 말로 적절히 꾸짖었다 하더라도 마찬가지예요.

잠자리에 든 아이 얼굴을 보고 있자면, 거인 같은 어른들에게 일일이 지시받고 이끌리며 오늘도 온갖 것을 새로 배우고 익히며 실패며 실수를 감당하느라 오죽 힘들었으랴 싶습니다. 우리의 일상은 대체로 힘겹고 남루하니, 내일은 작은 것에도 기뻐하고 서로 응원하는 법을 배우자고 속삭여줘야 할까요.

> **잠자리에 든 아이 얼굴을 보고 있자면,
> 거인 같은 어른들에게 이끌리며
> 오늘도 오죽 힘들었으랴 싶습니다.
> 우리의 일상은 대체로 힘겹고 남루하니,
> 내일은 작은 것에도 기뻐하고
> 서로 응원하는 법을 배우자고
> 속삭여줘야 할까요?**

'오늘은 별로 좋지 않은 날'이라는 말로 시작되는 『오늘은 좋은 날』은 아이도 어른도 '엉망진창인 날'의 끝에 읽기 좋은 그림책입니다. 아이를 비롯한 작은 존재들의 마음을 잘 아는 작가로 이름난 케빈 헹크스는 '스스로에게 기쁜 책을 만드는 것'이 목표라고 해요. 독자가 자기 책을 좋아한다고 말할 때, 자기 책을 보며 웃음을 터뜨릴 때, 베개 밑에 넣고 잘 때 가장 기쁘다고요. 이 그림책에서도 작가는 작고 여린 존재들이 겪는 불운과 곤경을 정확히 짚어내고 있습니다.

깃털을 잃어버린 아기 새(우리는 늘 무엇을 잃어버립니다), 목걸이 줄이 꼬인 어린 강아지(우리가 하는 일도 자주 꼬이지요), 엄마를 잃은 아기 여우(어린 시절 우리는 늘 부모님의 보호를 받고 싶어 했지요), 도토리를 연못에 빠뜨린 아기 다람쥐(우리는 안간힘을 써서 완벽히 손에 넣은 것도 놓치기 일쑤지요) 같은 어린 동물이 처한 곤경을 보면서, 하루 동안 자신이 겪은 실패와 실수를 떠올리게 됩니다. 다행히 그림책은 곧 이어 막간 페이지 '조금 있다가…'를 기점으로, 운 나쁘거나 실패했다고 여겼던 국면이 더없이 행복한 순간으로 뒤바뀌는 장면을 역순으로 이어가요.

아기 다람쥐는 이제껏 본 도토리 가운데 가장 큰 도토리를 우연히 찾아내고, 여우는 잠깐 놓쳤던 엄마를 되찾고, 강아지는 꼬인 줄을 풀고 뛰어놀지요. 심지어 자기 혼자 힘으로요. 깃털을 떨어뜨렸던 아기 새는 더 신나는 일이 생겨서 훨훨 날아오릅니다. 잃어버린 깃털 같은 건 까맣게 잊어버리고요. 살다보면 이런 일도 있잖아요!

"이 책은 어떤 곤경일지라도 언젠가는 벗어나게 되리라는 것, 더러는 벗어날 수 없는 곤경 속에서 새로운 길을 얻게도 된다는 낙관의 에너지를 부르는 마법의 주문이 될 거예요."

이제 등장하는 동물들만큼이나 독자들도 흐뭇해졌지만, 작가는 여기서 이야기를 끝내지 않습니다. 바로 그 동물들 근처에서 놀고 있었음직한 아이를 새로이 등장시켜 예기치 않았던 선물을 건네요. 그것은 물론 독자에게도 뜻밖의 기쁨이 되겠지요. 마지막 장면에 등장하는 작고도 큰 선물이 어떻게 우리를 넉넉히 위로해주는지, 경험해보세요.

『오늘은 좋은 날』은 당신이 맞닥뜨린 곤경이 누구에게나 흔히 있는 일이라는 것, 아직 해결되지 않은 곤경일지라도 언젠가는 벗어나게 되리라는 것, 더러는 벗어날 수 없는 곤경 속에서 새로운 길을 찾을 수도 있다는, 새로운 시선을 얻는 마법의 주문이 될 거예요.

**병원에 누워 있는 이에게 건네는 경쾌한 희망의 메시지**

병원에 누워 지내는 환자 신세가 된다는 건 여간 울적한 일이 아니지요. 세상의 모든 불운이 모이고 모여서 하필 자기를 덮친 것만 같거든요. 어떤 식의 위로도 마음에 들지 않을 뿐더러 성가시게 여겨지거나 기분을 상하기 쉬워요. 이 커다란 그림책이 품은 경쾌한 반전은 명랑한 '위로'가 될 뿐더러, 환자의 머리맡에 두고 오기에도 부담스럽지 않은 '희망'이 될 거예요.

● 함께 읽어보세요 ●

『조금만 기다려 봐』
케빈 헹크스 글·그림 | 문혜진 옮김 | 비룡소

케빈 헹크스의 2016 칼데콧 명예상 수상작으로, 창가의 다섯 친구가 저마다 다른 취향으로 바깥에서 벌어지는 자연의 신비를 기다리고 즐기는 그림책이에요.
요란하고 수다스런 이야기 없이 나직나직 기뻐하는 탄성이 이어집니다. 주변이, 계절이 어찌 돌아가는지 눈길 둘 새 없이 살아가는 우리 모두에게도, 우리가 자연의 일부라는 것을 일깨우며 그 순환과 재생의 신비로써 위로해줍니다. 태초로부터의 구름과 아득히 어린 날로부터의 바람과 나무와 구름을 남루하고 삭막한 일상으로 불러들이지요.

『알도』 | 존 버닝햄 글·그림 | 이주령 옮김 | 시공주니어

## 당신만의 '알도'를 가져보세요

세계적 그림책 작가 존 버닝햄의 그림책 『알도』는 괴롭고 외로울 때, 세상에 나 혼자밖에 없다고 느껴질 때 기댈 수 있는 상상의 친구에 대한 이야기입니다.

그림책 주인공은 엉클어진 머리에 야윈, 결코 멋지거나 활기찬 모습이라고 할 수 없는 외로운 아이입니다. 자기는 장난감도 많고, 놀 것도 많고, 엄마랑 놀이터에 가거나 외식을 할 때 즐겁고 신난다고 하지만, 그림 속 아이는 친구들과 떨어져 항상 혼자입니다. 학교에서 아이들에게 물리적 폭력을 당하기도 합니다.

이 모든 고통을 이기게 해주는 것이, 바로 특별한 친구 알도입니다. 초록색 줄무늬 머플러를 하고, 아이와 키가 비슷해 어깨동무 하기에 딱 맞춤인 토끼입니다.

현실에서는 혼자 있지만, 아이는 자신만의 환상 속에서 알도와 손을 잡고 여행을 떠나고, 줄타기를 하고, 뱃놀이를 합니다. 환상적인 노란색 푸른 빛 배경 속에서 알도가 밀어주는 그네를 타고, 알도가 저어주는 배에 누워 있는 아이의 표정은 너무나 편안하고 행복해보입니다.

이 상상 속 친구 때문에 아이는 혼자인 외로움도 견디고, 친구들의 폭력과 그로 인한 상처도 이겨내고, 엄마 아빠가 싸우는 지옥 같은 상황도 견뎌냅니다. 이렇게 혼자 외로움에 떨던 아이도 점점 자라고, 조금은 단단해져 친구들과도 사귀게 됩니다. 더 이상 알도가 필요 없게 된 아이는 이제 알도를 가끔씩 잊어버리곤 합니다. 그림책 마지막 페이지. 이제 상상 속 알도가 아니라 진짜 친구들과 신나게 그네를 타며 활짝 웃고 있는 아이는 알도를 까맣게 잊고 지내는 날이 있다고 말합니다. 하지만 자기에게 힘든 일이 생기면 알도는 분명히 자기에게 와줄 거라고 합니다.

알도를 영원한 친구라고 말하는 이 아이도 우리처럼 어른이 되면 사정이 달라질 겁니다. 어른의 세계는 다들 피곤합니다. 일은 끝없이 다가오고 관계도 쉽지 않습니다. 해내야 할 일과 책임져야 할 일도 많습니다. 그러다 보니 스스로를 돌볼 시간은 아주 부족합니다. 회사에 출근해 보고서에 밤을 새거나, 아이들 뒷바라지며 집안일에 바쁘다보면 알도가 있었다는 사실조차 까맣게 잊어버릴 테지요.

어른이 된다는 것은 우리를 위로했던 마법의 시간을 접어버리고 냉정한 현실로 들어서는 것이니까요. 그때부턴 친구보다는 인맥이 중요하고, 꿈보다는 현실적인 돈 계산에 익숙해집니다. 어느새 모든 것을 성공의 공식에 대입해 따지고 있는 스스로를 발견하는 건 낯설지 않지요. 그러니 어른들은 그 누구도 '어린 왕자'가 그린 코끼리를 삼킨 보아 뱀을 제대로 알아보지 못합니다.

"어른이 된다는 것은 냉정한 현실로
들어오는 것이라고 생각합니다.
그러니 어른의 세계는 원래 그런 것이라고
단념해야 하는 걸까요?
어른이 되어버린 우리도
우리만의 알도를 만들어내는 것에
조금 더 애를 써보면 어떨까요."

    그러니 어른의 세계는 원래 그런 것이라고 단념해야 하는 걸까요? 정말 그렇게밖에 할 수 없는 걸까요? 그럴 수는 없습니다. 어른들에게도 자기 자신을 위한 마법의 위로가 필요합니다. 알도 같은 자신만의 마음의 친구가 필요한 것이지요.

    알도는 진짜 마음 잘 통하는 친구일 수도 있지만, 좋은 음악일 수도 있고, 나무 아래 걷는 잠깐의 산책일 수도 있습니다. 조금 멀리 떠나는 여행일 수도 있겠지요. 나 자신에게 온전히 집중해, 나만을 위한 시간을 내는 것 말입니다.

    사실 자기 자신만큼 스스로를 위로해주고, 아끼고, 사랑해줄 수 있는 이도 없습니다. 아이들에게 알도가 그런 친구이듯이, 어른이 되어버린 우리도 우리만의 알도를 만들어내는 것에 조금 더 애를 써보면 어떨까요. 다른 누구가 아닌, 성공이나 성취를 위해서도 아닌, 우리 자신만을 위해 스스로에게 작은 행복과 위로를 건네기 위해서 말이지요.

### 이 세상 모든 어른들에게 권하고 싶습니다

어린 시절이라고 하면 부모님의 사랑을 받으며 행복하게 지내는 시기라고 쉽게 생각하지만, 알도는 아이들의 삶 또한 얼마나 힘들고 고통스러운 것인지를 보여줍니다.

세상의 모든 어른들이 이 책을 봤으면 좋겠습니다. 어른들의 의무가 무엇인지를 생각하게 합니다. 아이들을 보호하고 사랑하는 것. 그것이 어른이 어른으로서 해야 할 일입니다.

● 함께 보세요 ●
**〈토이스토리 3〉**
리 언크리치 감독 | 톰 행크스·팀 알렌 출연 | 브에나 비스타

애니메이션 〈토이스토리 3〉(2010)의 엔딩을 떠올리면 언제나 마음 한쪽이 뭉클해집니다. 이 엔딩은 어른이 돼 어린 시절을 떠나보내는 모든 이들이 머물 수 없는 시절에게 보내는 아름다운 작별인사이기 때문입니다. 어른이 된다는 것은 헤어지기 싫지만 순수했던 시절에 안녕을 고하는 것임을 말하는 〈토이 스토리 3〉을 보면 저 역시 그런 시간을 거쳐 여기에 이르렀다는 생각을 하게 됩니다.

『민들레는 민들레』 | 김장성 글 | 오현경 그림 | 이야기꽃

# 민들레라고
# 주목받는 벚꽃이
# 되고 싶지 않았을까요

봄꽃은 기다렸다는 듯 줄지어 피어납니다. 산수유가 피었나 싶으면, 벚꽃이, 진달래가, 황매가 줄줄이 얼굴을 드러냅니다. 아직 잎이 푸르지 않은 계절이라 울긋불긋 꽃들은 더욱 도드라져 보이지요. 하지만 주의를 기울여야 겨우 보이는 꽃이 있습니다. 고개를 숙여야, 민들레는 보입니다. 땅에 착 달라붙어 자라는 민들레는 작고 보잘 것이 없습니다. 앉은뱅이 꽃이라 불리니, 뭇 사람들의 시선을 받는 벚꽃에 견주면 서러울 정도입니다.

민들레는 이런 제 모습이 싫증나지 않았을까요. 저도 화려한 벚꽃이나 복사꽃이 되고 싶지 않았을까요. 단 며칠이라도 짧고 굵게 보란 듯이 살고 싶지 않았을까요. 한순간 져버린다 해도 찬란하게 꽃 피워 주목받는 생이고 싶지 않았을까요. 『민들레는 민들레』는 이런 사연을 풀어냈습니다.

책장을 넘기면 여백을 충분히 비워두고, 수채화로 정직하게 그려낸 민들레의 다양한 모습이 보입니다.

> ❝민들레는 이런 제 모습이 싫증나지 않았을까요? 저도 화려한 벚꽃이나 복사꽃이 되고 싶지 않았을까요. 한순간 져버린다 해도 찬란하게 꽃 피워 주목받는 생이고 싶지 않았을까요?❞

민들레 새싹이 새끼손톱만큼 나왔나 싶더니, 꽃줄기가 올라옵니다. 그리고 마법처럼 꽃이 핍니다.

놀라운 건 다음 장면부터입니다. 설마 여기에도 있을까 싶은 곳조차, 조그만 틈만 있으면 민들레는 제 한 몸을 풀어내 꽃을 피웁니다. 보도블록 틈 사이에, 고속도로 중앙분리대 콘크리트 사이에, 낡은 기와지붕 틈에도 민들레는 꽃을 피웁니다. 설마 거기에 하는 곳에서도 민들레는 마치 제 할 일을 해내듯 씩씩하게 생을 이어가고 있습니다.

그림은 민들레의 한살이와 생태를 사실적으로 그려내고, 글은 지나칠 만큼 간결하고 담백하게 민들레를 노래합니다. 글은 그림과 조응하되 무작정 그림을 따라가지는 않습니다. 제 하고 싶은 말을 다 쏟아내지도 않습니다.

> "설마 여기에도 있을까 싶은 곳조차,
> 조그만 틈만 있으면 민들레는
> 제 한 몸을 풀어내 꽃을 피웁니다.
> 설마 거기에 하는 곳에서도
> 민들레는 마치 제 할 일을 해내듯
> 씩씩하게 생을 이어가고 있습니다."

멈추고 아낍니다. 그저 '민들레는 민들레'라는 말을 되풀이합니다. 아마 그림책을 다 읽고 나면 "이게 뭐지?"하는 생각이 들지도 모릅니다.

이 시적인 글을 통해 작가가 하고 싶은 이야기는 면지에 담겨 있습니다. 앞 면지에는 활짝 웃고 있는 평범한 아이들의 얼굴이 한 가득 그려져 있습니다. 마치 눈여겨보는 이가 없어도 들판 가득 민들레 꽃이 피어난 것처럼 말입니다. 어떤 환경에서도 생명력을 잃

지 않고 꿋꿋하게 피어나는
민들레처럼 우리들 모두 그렇게 살아가기
를 바라는 마음입니다. 모든 생명은 귀하고 귀합니다. 민들
레가 민들레로 살아가듯 나는 나로 자존해야 합니다.

**자꾸만 어깨가 움츠러든다면 가만히 읊조려 보세요**

가장 평범한 것이 가장 아름답다고 말합니다. 하지만 꼭 그렇지는
않습니다. 평범하지만 그 자체의 의미를 발견하고 존중할 때만 그
렇습니다. 인정받고 싶고, 사랑받고 싶다고 징징거리는 건 그만큼
본인부터가 자신을 사랑하지 않는다는 뜻입니다. 스스로를 사랑하
지 않는 사람은 다른 이들로부터 사랑받기 어렵습니다. 혹여 자신

을 남과 비교하며 자꾸 움츠러든다면 가만히 읊조려보세요. '민들레는 민들레.'

● 함께 읽어보세요 ●

『세상의 많고 많은 초록들』
로라 바카로 시거 글·그림 | 김은영 옮김 | 다산기획

2013년 칼데콧 명예상을 수상한 로라 바카로 시거는 붓 터치가 살아 있는 풍부한 색감으로 우리 주변의 초록색을 보여줍니다. 우리는 그저 초록색이라고 뭉뚱그려 말하지만, 세상에는 다양한 초록색이 있습니다. 같은 나무의 잎들조차 조금씩 다른 초록빛입니다. 인간 역시 저마다 다른 개성으로 빛나는 생명입니다. 당신은 자신만의 빛깔로 아름답게 빛나는 귀한 생명입니다.

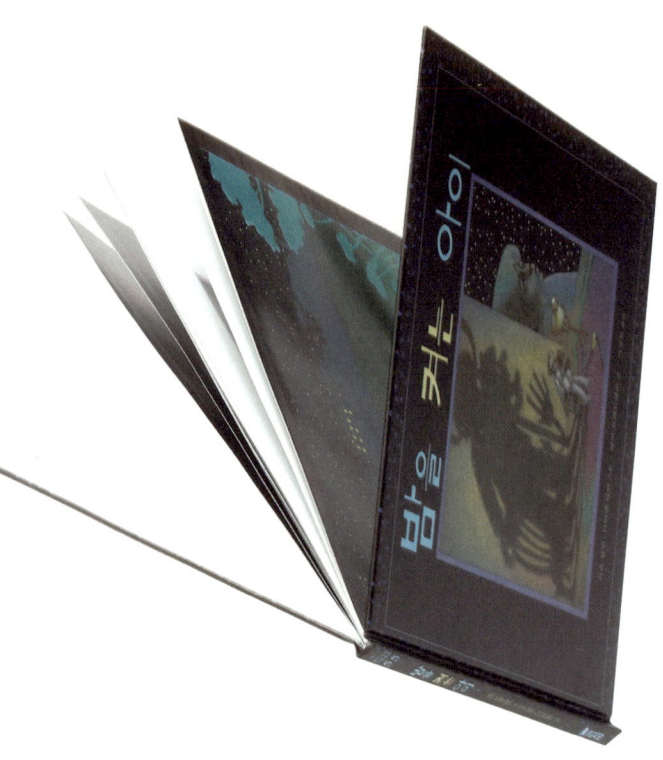

『밤을 켜는 아이』 | 레이 브래드베리 글 | 리오·다이앤 딜런 그림 | 이상희 옮김 | 국민서관

# 지금 바로,
# 생각을 바꾸는
# 스위치를 켜세요

 유난히 어둠을 무서워하는 사람이 있습니다. 불 꺼진 방의 적막이 불안하게 느껴져서 잠자리에 누운 뒤에도 손닿는 곳에 전등 스위치가 없으면 잠을 못 이루기도 합니다. 불 켜는 리모콘을 곁에 두거나 밤새 불을 켜놓는 사람도 있습니다.

 밤새 가로등을 켜둔 자리에서는 나무가 충분히 자라지 못하듯이 어둠 속에 숨는 시간이 없으면 몸과 마음이 편히 쉬지 못한다는 걸 우리는 물론 잘 알고 있습니다. 하지만 어려서부터 '어둠은 위험하다' '어두운 곳에는 절대 가지 마라'는 반복된 경고를 많이 듣고 자란 까닭에 그 불안을 이기기가 쉽지 않습니다.

 『밤을 켜는 아이』는 어둠을 두려워하는 사람을 차분하게 다독이면서 마음의 변화를 이끌어내주는 그림책입니다. 이 책에 나오는 소년은 밤을 너무 무서워해서 어둑어둑해지기만 하면 온 집 안을 돌아다니며 전등불을 켭니다. 다락방 꼭대기까지 구석구석 불을 켜고 계단을 내려오던 아이는 어느 날 밤 낯선 소녀와 마주칩니다. 이 소녀는 자신이 바로 어둠이라고 소개하면서 남자아이의 손목을 친근하게 당기며 밤을 켜보라고 권합니다. 소녀의 말대로 불을 끔으로써 밤을 켰더니 뒷마당에서 동네 아이들의 신나는 목소리가 들려옵니다. 아직 밤의 소리에 익숙하지 않은 아이는 여전히 두려움을 갖고 있지만 상냥한 어둠은 말끔하게 그 두려움을 없애줍니다.

이 그림책의 원작자 레이 브래드베리는 『화성연대기』와 『화씨 451』 등의 작품으로 잘 알려진 과학소설의 거장입니다. 그는 우리가 잘 알지 못하는 과학적 세계의 이면을 서정적인 문체로 조명했습니다. 레이 브래드베리의 팬이라면 그의 희귀한 작업에 속하는 이 그림책은 가치 있는 소장 목록이 될 것입니다.

더불어 리오 딜런과 다이앤 딜런 부부의 그림은 우리가 왜 밤을 사랑할 수밖에 없는지를 시각적으로 탁월하게 설득합니다. 밤의 매력은 우리를 수많은 착각으로 데려가는 혼돈과 모호함에 있습니다.

이 책의 그림을 그린 딜런 부부는 이 책에 특별히 '에셔에게 헌정한다'는 말을 붙여두고 있습니다. 에셔Maurits Cornelis Escher, 1898~1972는 네덜란드의 유명한 판화가입니다. 그는 기하학적 원리와 수학적 개념을 토대로 2차원의 평면 위에 3차원 공간을 표현하는 작가로 유명합니다. 평면의 규칙적 분할에 의한 무한한 공간의 확장과 순환, 그리고 대립이 작품의 중심을 이루며, 모호한 시각적 환영 속에 사실과 상징, 시각과 개념 사이의 관계를 다룬 것이 작품의 특징입니다.

딜런 부부는 그 밤의 아름다움을 표현하기 위해서 초현실주의 화가 에셔로부터 이 세계에서는 불가능한 이미지에 대한 아이디어를 빌려왔습니다.

주인공 소년은 중력과 무관한 방향으로 끝없이 이어지는 계단을 걷고 위, 아래, 좌우의 방향이 뒤섞인 공간에서 밤의 어둠을 바라봅니다. 그동안 가졌던 끝을 알 수 없는 공포에서 벗어나 다른 세계를 보게 되는 이 장면에서 우리는 불가능할 것 같았던 어둠과의 친교가 거짓말처럼 이루어지는 것을 경험하게 됩니다.

리오 딜런과 다이앤 딜런은 그림책 『야산티족 대 줄루족: 아프리카 전설』과 『모기는 왜 귓가에서 윙윙거릴까』에서 부드럽고 검

"이 그림책은 어둠으로 대표되는 '검은 것'에 대한 세상 사람들의 편견과 두려움에 대해 의문을 던지는 거대하고 아름다운 은유입니다. 생각을 바꾸면 어둠은 지금보다 훨씬 가깝게 느껴집니다."

은 피부를 가진 아름다운 주인공을 내세운 바 있습니다. 『밤을 켜는 아이』에서도 주인공을 도와주는 천사 같은 어둠을 검은 피부의 소녀로 그렸습니다. 그런 점에서 이 그림책은 세상이 하얀 존재만으로 채워져 있는 줄 알았던 소년이 '검은 세계의 아름다움'을 발견하는 이야기로 읽을 수도 있습니다. 그렇게 보면 이 책은 어둠으로 대표되는 '검은 것'에 대한 세상 사람들의 편견과 두려움에 대해 의문을 던지는 거대하고 아름다운 은유입니다.

밤의 스위치를 켠 아이는 새로운 밤의 매력 속에서 예전과 다른 삶을 시작하게 되었습니다. 소년은 이제 날마다 밤을 켜고, 어둠 속에서 또래 아이들과 함께 달립니다. 나를 끈질기게 괴롭히던 두려움은 아무렇지도 않은 듯이 날려버릴 수 있습니다. 그때 생각의 방향을 돌리는 스위치를 누르는 것은 나의 몫입니다.

우리는 각자 어떤 두려움 앞에 서 있을까요. 지금 나는 그 두려움으로부터 벗어나 반대편으로 가는 스위치를 누를 수 있을까요. 그동안 지니고 있던 생각을 바꾸는 용기를 조금만 내본다면, 우리 앞에는 다른 세계가 펼쳐질 수도 있을 것입니다.

**두렵게 하는 것이 무엇이든, 두려움 대신 용기를 선택하세요**
우리를 두렵게 하는 것은 어둠뿐만이 아닙니다. 불면의 원인은 곳곳에 있고 커다란 방향 전환을 앞두면 누구나 가슴이 울렁거리는 것을 경험합니다.

삶의 큰 방향을 바꾸어야 하는 순간과 마주 하고 있다면 이 책을 권합니다. 이 그림책은 당신의 선택이 생각보다 훌륭한 것일 수 있다고, 미리 두려워하지 말고 용기 있게 결정하라고 격려해줄 것입니다.

● 함께 읽어보세요

『그날, 어둠이 찾아왔어』
레모니 스니켓 글 | 존 클라센 그림 | 김경연 옮김 | 문학동네

리오 딜런과 다이앤 딜런이 어둠의 환상적인 매력에 호소한다면, 존 클라센은 '어둠은 수줍음이 많아서 잘 안 보이는 것뿐, 우리랑 친하고 싶어 해'라고 말하며 독자를 무장해제시킵니다.
이 책에서 어둠은 부끄러움이 많은 존재로 나옵니다. 겁쟁이 주인공 라즐로는 어느날 어둠의 목소리를 따라서 캄캄한 지하실의 낡은 서랍장까지 내려갑니다. 심리적 공포는 한 번만 훌쩍 넘어서면 전보다 훨씬 괜찮아지는 특성을 갖고 있습니다. 아직 넘지 못하고 주저하는 심리적 허들의 원인을 찾고 극복하려 할 때 도움이 되는 책입니다.

『마지막 휴양지』 | 존 페트릭 루이스 글 | 로베르토 인노첸티 그림 | 안인희 옮김 | 비룡소

# 왕처럼 먹고
## 푹신한 침대에서 쉬세요,
### 허리가 아플 때까지

책을 펴면 작가인 인노첸티를 꼭 닮은 화가가 뚱한 얼굴로 책장에 앉아 있습니다. 시인 워즈워스가 말한 '마음의 눈' 다시 말해 상상력이 떠나 돌아오지 않기 때문입니다. 화가는 앞으로 어떻게 일하고 살아야 하나 막막합니다.

일을 하다보면 임계점에 부닥칩니다. 자칫 주도권을 빼앗기는 순간 일의 노예가 됩니다. 그때부터 긴장이 쌓이고 온몸은 굳습니다. 머릿속에서 서걱서걱 모래 바람 소리가 들리고, 귓속에서는 초침이 째깍거리고, 눈알은 하나씩 튕겨나가버릴 듯 뻑뻑하고, 정신은 녹아버린 듯 희미해집니다. 정신이 소진된 육체의 집에서 울리는 소리입니다.

이제 아무것도 할 수 없는 순간이 찾아옵니다. 좌절, 소진, 피로…… 모두 같은 이름입니다. 아마도 이런 이유로 작가는 떠날 수밖에 없었던 것이겠지요. 밤새 번갯불이 치는 길을 따라 달립니다. 어디로 가는지도 모릅니다. 그러다 특이하게 생긴 바닷가 호텔에 멈추었습니다. 최고급 특실로 안내되어 왕의 만찬 같은 식사를 하고 책 한 권을 들고 푹신한 침대에 누웠다가 이내 잠에 빠져듭니다.

'상상력이 도망친 이후로 늙은 말처럼 멍청해진' 작가와 달리 호텔에 투숙한 손님들은 이상한 것을 찾느라 분주합니다. 외다리 선원은 땅을 파고 또 파며 지도를 찾고, 휠체어에 의지한 소녀는 책을 읽고, 잿빛 사나이는 특별한 글을 쓰겠다고 하고, 키 큰 방랑자는 목숨을 구해준 숙녀를 찾고, 이상한 신사는 풍차기사를 기다리고 있습니다.

그림책은 점점 더 아가사 크리스티가 쓴 미스터리 소설처럼 보입니다. 평온하지만 뭔가 비밀스러운 저택에 뜻하지 않은 방문자들이 모여들고 석연치 않은 사건이 일어날 것만 같습니다. 살인이라도 벌어지는 건가 싶어 성급하게 페이지를 넘깁니다. 하지만 결국 앞으로 돌아가 천천히 읽게 됩니다. 그림책이 어떤 답을 준비해놓고 있는 것은 아니니까요.

호텔의 손님들은 피터 로어, 조르주 심농, 생텍쥐페리, 이탈로 칼비노 같은 작가들이거나 혹은 이 작가들이 쓴 소설의 주인공들을 빗대어 창조해놓은 인물들입니다. 책의 맨 뒤에 손님과 연관된 상징을 풀어놓았을 만큼 이야기를 한마디로 요약하는 것은 쉽지 않습니다. 다만 분명한 것은 화가가 상상력을 찾으려 한다는 겁니다. 마찬가지로 손님들도 저마다 원하는 것이 있었습니다. 그들이 각자의 방식으로 길을 가듯, 화가 역시 자신의 길을 찾는 과정을 그리고 있습니다.

인노첸티는 세계적인 그림책 작가입니다. 주로 고전동화를 바탕으로 그림책 작업을 해왔고, 꼼꼼하고 사실적인 그림으로 정평

**❝**삶을 이끄는 것은
안달과 복달만은 아닙니다.
긴장이라는 고삐를 쥐고 전진할 때도 있지만,
내리막을 만나면 고삐를 풀고 천천히
걸어갈 줄도 알아야 합니다.
그래야 풍경이 눈에 들어옵니다.
지금 우리가 잃어버린 마음을 찾으려면
잠시 이곳을 떠나는 것도 방법입니다.**❞**

이 나 있습니다. 『마지막 휴양지』에서도 호텔 식당이나 서재 장면은 사진을 방불케 할 정도로 사실적입니다. 묘한 것은 사실적인 그림에서 환상적 기운이 넘친다는 점입니다. 초현실주의 그림을 보고 있는 듯한 기분마저 듭니다.

삶을 이끄는 것은 안달과 복달만은 아닙니다. 긴장이라는 고삐를 쥐고 전진할 때도 있지만, 내리막을 만나면 고삐를 풀고 천천히 걸어갈 줄도 알아야 합니다. 그래야 풍경이 눈에 들어옵니다.

지금 우리가 잃어버린 것이 행운이든, 의미이든, 사랑이든, 모험이든, 진실이든, 용기이든, 이 모든 잃어버린 마음을 찾으려면 잠시 이곳을 떠나는 것도 방법입니다. 때로 호기심이라는 씨앗을 뿌리고, 떠돌이 상상력이 마음껏 이야기를 풀어가도록 작가처럼 푹 잠을 자는 것도 좋습니다. 바닷가 모래 언덕 옆에 있는 외딴 호텔이 아니어도 좋습니다. 다만 한때라도 모든 것을 잊어버리고, 게으름을 피워봅시다. 왕처럼 맛있는 음식을 먹고, 푹신한 잠자리에서 자고 싶을 때까지 자보는 겁니다. 마음의 평화가 돌아올 때까지. 너무 자느라 허리가 좀 아프면 어떻겠습니까.

**지금이 바로, 상상력 충전이 필요한 그 순간이라면**

『마지막 휴양지』는 많은 고전작품에서 이야기를 빌어온 작품이라 한 번 읽어서는 이해가 쉽지 않습니다. 하지만 창조는 어떻게 이루어지는가에 대한 인노센티의 생각을 들어보는 것이 이 책의 묘미입니다. 대개의 작가는 처음에는 자신의 경험에서 이야기를 지어냅니다. 하지만 시간이 흐르면 다른 샘물을 찾아야 하지요. 고전을 수원지로 삼거나 호기심을 상상력이 피어나는 터전으로 삼을 수도 있습니다. 한 가지 상상력이 베개 아래서 피어나도록 푹 잠을 자는 것도 잊지 말아야 합니다. 성과에 시달리거나 창의적인 일에 종사할수록 우물을 채우듯 내면을 다스리는 시간이 필요합니다. 상상력이나 창의력으로 고민이 많은 크리에이터에게 선물하면 좋겠습니다.

● 함께 읽어보세요 ●

「바구니 달」
메리 린 레이 글 | 바버러 쿠니 그림 | 이상희 옮김 | 베틀북

바구니 달을 가지고 도회지 갈 날만 손꼽아 기다렸던 소년의 뜻하지 않은 낙담과, 다시 작지만 소중한 일상의 소중함을 깨달아가는 이야기가 담겼습니다. 바버러 쿠니의 그림책은 고요하여 보는 것만으로도 머릿속이 맑아지는 느낌이 듭니다. 그림책을 보는 것만으로도 휴식을 취할 수 있습니다.

『시간상자』 | 데이비드 위즈너 그림 | 베틀북

# 날마다 날마다
# 시간이 모자란다면

시간은 어떻게 흘러가는 걸까요. 60분, 하루, 일 년, 이런 단위 시간에도 정해진 수명이 있다면 내가 가진 시간들의 수명은 어느 정도일까요. 새해 첫날이면 우리는 어떻게 한 해를 보내겠다는 다짐을 하고 구체적인 계획도 세웁니다. 그러나 돌아서면 금요일, 돌아서면 7월, 돌아서면 송년회가 열리고 있습니다. 어떤 사람은 하루를 쪼개고 또 쪼개서 알차게 쓴다는데 왜 나의 하루만 이렇게 금방 지나가는 걸까요.

> **❝**얼마만큼의 시간이 주어지면 충분한 시간이라고 말하게 될까요. 그러나 시간이 모자란 것이 아니라 우리가 해야 하는 일이 너무 많은 것일 수도 있습니다.**❞**

시간에는 주관적 시간과 객관적 시간이 있습니다. 내 시간의 수명이란 같은 단위 시간도 길고 짧게 느껴지는, 일종의 주관적 시간을 말하는 것일 텐데요. 시간의 주관적 길이를 결정하는 데 가장 크게 작용하는 것은 그 시간의 생생함과 구체성인 것 같습니다. 예를 들어 사랑하는 사람과 첫 선물을 주고받았던 어느 카페의 저녁, 입사시험에서 처음으로 최종면접에 올랐던 날의 마지막 준비시간 몇 분 같은 시간들은 돌아보면 동작 하나, 분위

기 한 자락까지 떠오릅니다. 그 시간이 무척 길었던 것으로 기억하지만 사실 착각인 경우가 많습니다.

  길었던 것으로 기억하는 시간 중에는 당연히 즐거운 순간만 있는 것은 아닙니다. 슬프고 고통스러운 순간이 남달리 느리게 지나가는 것처럼 여겨지는 경우도 많습니다.

  우리에게 얼마만큼의 시간이 주어지면 적당히 충분한 시간이라고 말하게 될까요. 해야 할 일에 비해서 주어진 시간은 늘 모자라기만 합니다. 나에게 무언가를 요청하는 사람은 늘 '빨리 좀 해달라'고 말하죠. 그러나 다시 생각해보면 절대 시간이 모자란 것이 아니라 우리가 해야 하는 일이 너무 많은 것이 문제일 수도 있습니다.

'시간이 바람처럼 지나간다'는 이야기가 초등학생의 입에서 나오는 시대입니다. 아이들도 하루에도 몇 번씩 생활 공간을 옮겨야 하고 '몇 시까지'라는 시간 도착의 목표를 달고 삽니다. 정해진 시간표와 경쟁적으로 앞서거니 뒤서거니 하는 사이에 친구와 대화를 나눌 시간, 따뜻한 밥을 엄마 아빠와 함께 먹을 시간, 고양이와 창가에 앉아 함박눈을 바라볼 시간도 모두 사라져버리기 일쑤입니다.

누구에게나 그해의 봄은 한번뿐이지만 다섯 살의 봄, 열다섯 살의 봄, 스물다섯 살의 봄이 얼마나 특별하게 빛나는 아름다운 시기인지를 생각하면 어리고 젊을수록 우리는 느긋하게 지내야 합니다. 다짜고짜 재촉하고 허겁지겁 보내게 만드는 이 시대의 속도에 저항할 필요가 있습니다. '정해진 시간'을 되돌려 보내고 '나만의 주관적 시간'을 되찾는다면 삶을 좀 다른 틀로 짤 수 있을지도 모릅니다. 꼭 올해 대학에 가야 하는 것은 아니고, 꼭 이번 계절에 무엇을 사야 하는 것도 아닙니다. 조금만 더 머무르겠다고 말하면서 객관적 시간을 달라고 하고 시간을 어느 정도 낭비하더라도 더 값진 것을 얻을 수 있는지 살펴보면서 살면 좋겠다 싶을 때가 많습니다.

데이비드 위즈너의 그림책 『시간 상자』는 절대적 시간을 잠시 잊게 만들어주는 그림책입니다. 이 책에는 글이 없지만 책 속 한 장면 한 장면을 따라가면 이야기를 충분히 이해할 수 있습니다. 이야기는 우리가 스쳐지나온 여러 가지 사물과 생명체의 흔적을 훑어보는 속표지로부터 시작됩니다. 반쪽만 남은 조개껍질도 있고 마른 콩깍지도 있고 녹슨 컴퍼스도 있습니다.

책 속의 주인공 소년은 바닷가에서 우연히 바닷가재 한 마리를 발견합니다. 그 바닷가재의 작은 눈을 들여다보면서 저 바다 깊은 곳을 여행하고 왔을 그의 모험을 상상합니다. 소년의 마음을 끌어당기는 건 바닷가재만이 아닙니다. 흰 갈매기와 꽃게도 자꾸만 발길을 붙잡습니다. 한 차례 파도가 몰아치고 난 뒤 눈앞에 작은 수중 카메라가 떠밀려 와 있는 것을 봅니다. 소년은 이 카메라 안의 사진을 인화해본 뒤 깜짝 놀랍니다. 낡은 카메라 속의 필름은 수많은 바다 생물들의 저마다 다른 시간을 기록해두고 있기 때문입니다.

소년은 200년을 산다는 바다거북의 등딱지에 얹혀 사는 소라들의 시간, 돌고래보다 수십 배 큰 불가사리의 시간, 언젠가 살짝 왔

" 이 책은 '당신의 시간 상자'에는 무엇이 담겨 있느냐는 질문을 던지고 싶었던 것 같습니다. 오늘의 몇 시 몇 분이 당신에게는 간직하고 싶은 시간이었는지요. 절대 지워버리고 싶지 않은 빛나는 시간이 우리를 기다립니다."

다 간 외계인들의 시간을 지나 이름 모를 또래 친구들이 담긴 여러 장의 시간과 마주칩니다. 이제는 누군가의 아버지, 할머니, 증조, 고조부모가 되었을 그 아이들의 얼굴을 보면서 자신의 얼굴도 기록에 남기겠다고 결심합니다.

이 비밀스러운 수중카메라를 만난 존재들은 빠짐없이 그 직전 카메라의 주인 사진을 들고 함께 셀프 카메라를 찍고 있었습니다. 소년도 마지막에 인화된 알 수 없는 소녀의 사진을 들고 자기 얼굴을 찍은 다음 그 카메라를 바다에 던집니다.

이 상자는 지금쯤 어느 곳을 떠돌고 있을까요. 마지막 장면에서는 어느 머나먼 섬나라에 사는 곱슬머리 소녀가 소년이 띄워보낸 시간 상자를 줍는 모습이 나옵니다. 이제부터는 소녀의 시간으로 상자를 채울 차례입니다.

작가인 데이비드 위즈너는 아마도 '당신의 시간 상자'에는 무엇이 담겨 있느냐는 질문을 던지고 싶었던 것 같습니다. 오늘의 몇 시 몇 분이 당신에게는 오래도록 간직하고 싶은 시간이었는지요. 절대 지워버리고 싶지 않은 빛나는 몇 분 몇 초가 앞으로 우리를 기다립니다. 시간을 함부로 쓰지 않는다는 건 시간의 양적 활용을 의미하기도 하지만 때마다 반짝임을 놓치지 않는 절묘한 집중력을 일컫는 말이기도 합니다. 짧은 시간을 의미 있게 보낼 수 있는 방법에는 좋은 그림책을 읽는 일도 들어갑니다. 이 책을 읽는 독자라면 누구나 책을 덮기 전까지의 그 얼마 되지 않는 시간이 아름답게 길었다고 회상할 수 있을 것입니다.

## 잠시, 아름다운 시간을 누려보시길

바다 밑 세계에 대한 판타지를 갖고 있는 분이라면 이 그림책이 만족스러울 것입니다. 거대 오징어, 가오리를 타고 다니는 보랏빛 요정, 옥색 머리카락의 남자 인어, 카메라를 나르는 아홉 마리의 해마 등 환상적 상상이 가득한 바다 밑 풍경이 펼쳐집니다. 데이비드 위즈너의 다른 그림책 『이상한 화요일』의 해양판 같은 느낌입니다.

● 함께 읽어보세요

『신기한 시간표』
오카다 준 글 | 윤정주 그림 | 박종진 옮김 | 보림

'바쁘기만 하고 하나도 다를 것이 없는 지루한 날들뿐이야'라고 생각하던 아이들에게 6교시에 걸쳐 뜻밖의 놀라운 사건들이 찾아옵니다. 무심코 던진 인사에 금붕어가 대답을 하고, 고양이가 수줍어서 교실 밖에도 나가지 못하는 친구를 보건실에 데려다주고, 부정적인 낱말만 지워지는 마법의 지우개를 손에 넣게 됩니다.
어느 지루한 공간에서 무료하게 시계만 들여다보고 있는 당신에게 이 책을 추천합니다. 나에게 주어진 시간과 공간 안에서도 내가 그동안 눈치채지 못한 신기한 일이 벌어져 나를 즐겁게 해줄 가능성은 없는지 상상해보세요.

「소피의 달빛 담요」 | 에일런 스피넬리 글 | 제인 다이어 그림 | 김흥숙 옮김 | 파란자전거

# 그녀가
# 마지막으로 짠 담요는
# 황금빛으로 반짝였더랍니다

인생의 가을과 겨울은 언젠가 우리를 찾아옵니다. 때가 되면 몸이 기울어지는 것은 막을 수 없습니다. 하지만 마음이 주저앉는 것은 어느 정도 늦출 수 있지 않을까요.

"갈수록 뭘 하든 자신이 없어."

주변의 어르신들에게 종종 이런 말씀을 듣곤 합니다. 어쩌면 '뭘 하든 자신이 없다'는 말씀은 격려나 응원을 바라는 사인일 수도 있는데, 누가 봐도 '노인'이라 불리는 어른들이 누군가에게 격려와 칭찬을 구하는 것도, 그런 어른들에게 한참 어린(?) 이들이 격려나 응원을 해드리는 것도 피차 쑥스러운 일입니다. 젊은이들에게 이런 말을 해봐야 '이제 그만 쉬시라'거나 '그 연세에 뭘 또 하시려고 그러느냐'는 맥없는 반응만 주고받기 일쑤이지요. 저부터도 돌아보게 됩니다.

『소피의 달빛 담요』라면 마음이 적적한 어르신께 잔잔한 응원이 되어줄 것입니다. 이 책의 주인공인 소피는 예술가 거미입니다.

그가 만든 거미줄은 세상 어
느 거미줄보다도 아름다웠으나 젊은
날은 순탄치 않았습니다. 사람들은 소피가 공들
여 짜놓은 거미줄을 보자마자 질색하며 없애기 바빴습니
다. 그래도 그는 거미줄을 짜는 것을 멈추지 않았습니다. 자신을 싫
어하는 하숙집 주인아주머니, 선장 아저씨, 요리사를 피해 하숙집
현관에서 다락으로, 다시 거실로 여러 번 이사를 다니면서도 거미
줄 짜는 것을 계속했지요.

그렇게 시간이 흘렀고 소피도 나이가 들었습니다. 소피가 마지
막으로 찾아간 3층에는 젊은 여인이 혼자 살고 있습니다. 그런데
웬일까요. 이 여인은 소피를 보고도 소리를 지르거나 쫓아내지
않았습니다. 여기저기 떠도느라 잔뜩 지친 소피는 그 여인의 뜨개
질 바구니 안에 들어가 잠이 듭니다.

우리 어르신들도 그랬을 테지요. 가족을 위해, 일과 꿈을 위해

때로는 세상의 찬바람과 거친 대접에도 무릎 꿇지 않던 나날이 있으셨을 겁니다. 하지만 이제는 지팡이 없이는 설 수 없는 날들이 더 많습니다.

점점 기운이 없어진 소피는 자신에게 필요한 베갯잇이나 양말 몇 가지를 짤 때 빼고는 내내 잠만 자곤 했습니다. 그러다가 젊은 여인이 뜨개질하는 모습을 보게 됩니다. 이 예비 엄마는 곧 태어날 아기를 위해 털신과 스웨터를 마련했지만 담요가 없습니다. 이 여인에게는 털실이 넉넉하지 않습니다. 돈이 없었거든요. 주인집에서 얻어온 너덜너덜한 담요가 아이를 위한 것입니다. 이 낡은 담요를 본 소피는 결심합니다. 자신이 직접 담요를 짜야겠다고. 그는 하늘의 달빛과 옛날에 듣던 자장가, 장난스런 눈송이를 넣어 담

❝우리 어르신들도 그랬을 테지요.
때로는 세상의 찬바람과 거친 대접에도
무릎 꿇지 않던 나날이 있으셨을 겁니다.
하지만 이제는 지팡이 없이는 설 수 없는 날들이 더 많습니다.
그러나 그 노년의 시간이 만들어내는 의미는
젊은 날 못지않게 힘차고 아름다울 수 있습니다.❞

요를 짭니다. 얼마 지나지 않아 갓 태어난 아기의 울음소리가 들려옵니다.

눈치채셨겠지만 이 아기 담요는 소피의 마지막 작품이 되었습니다. 소피는 마지막으로 담요의 귀퉁이에 자신의 가슴을 넣었습니다. 소피가 완성한 것은 너무도 부드럽고 아름다워서 왕자님에게나 꼭 어울릴, 그런 담요였습니다. 담요는 황금빛으로 찬란히 빛났습니다. 아기에게는 최고의 선물, 소피에게는 인생 최고의 작품이 탄생한 것입니다. 그가 세상을 떠나기 직전에 말이지요.

우리의 삶을 저마다 한 편의 예술이라 말하곤 합니다. 그렇다면 인생 전체를 놓고 볼 때 걸작이 탄생하는 순간, 한 사람의 전성기는 특별히 정해져 있지 않습니다. 젊은 시절에만 걸작이 탄생하라는 법은 없습니다. 힘 있고 젊을 때만 전성기가 찾아오는 것이라고 누가 단정할 수 있을까요. 노년은 하나의 삶이 여정을 마무리하는 빛나는 시간입니다. 노년은 힘없고 약하지만, 그 노년의 시간이 만들어내는 의미는 젊은 날 못지않게 힘차고 아름다울 수 있습니다. 젊을 때 누렸던 것보다 더 찬란한 날들이 있을 수 있습니다. 그것은 꼭 무엇을 이루거나 어떤 결과를 만들어낼 때만 가능한 것은 아닙니다. 그것이 무엇이든, 소피의 달빛담요가 황금빛으로 빛났던 것처럼 어르신들도 어느 날 문득, 그렇게 반짝거리는 순간과 마주할지도 모르는 일입니다. '뭘 하든 자신이 없다'는 어르신들에게 '이제 그만 쉬시라'는 말 대신 '한 번 해보세요'라는 말과 함께 이 책을 건네보는 건 어떨까요.

소피의 달빛담요를 받은 젊은 엄마는, 아기는 어땠을까요. 이 책의 마지막 장에서 직접 확인해보시기 바랍니다.

### 어른들의 마음이 잠깐이라도 반짝반짝 빛이 나시길

병원에서, 또는 요양기관에서 투병하고 계시는 사랑하는 할머니와 할아버지를 뵈러 가는 분께 이 책을 권합니다. 이 책을 읽고 남은 삶을 촉박하게 바라보지 않게 되었다는 어르신이 많았습니다. 탄생만큼이나 아름다운 죽음을 맞이한 소피의 모습에서 뜻하지 않게 용기를 얻었다는 분들도 있었어요. 무엇을 하든 두렵기만 한데 누구에게도 응석부릴 수 없는 인생의 지점에 서 있는 어르신이 계신다면 그분께 이 책은 여전한 용기를 드리는 부드러운 응원이 될 것입니다.

> ● 함께 읽어보세요

『할아버지의 이야기 나무』
레인 스미스 글·그림 | 김경연 옮김 | 문학동네어린이

누구나 자신의 인생에 비밀의 화원은 있다고 합니다. 어떤 어르신은 '왕년의 무용담'을 지겨울 만큼 되풀이 하시지만 어떤 어르신은 소심한 침묵 속에서 잘 나오지 않습니다. 노인의 우울은 말이 줄어들면서 빠르게 깊어집니다. 이 그림책 속 할아버지의 사랑스러운 수다는 그 우울로부터 빠져나오도록 도와주고 어린 세대를 향해 더 많은 말을 하도록 격려해줍니다. 해묵은 마음의 봉인을 풀고 가족들과 더 잘 소통하고 싶은 노년의 어색한 용기를 북돋아주는 사랑스러운 그림책입니다.

『여우 나무』 | 브리타 테켄트럽 글·그림 | 김서정 옮김 | 봄봄

# 슬픔을 마주 대할 때 누리는 치유와 위로의 시간

롤랑 바르트가 어머니를 잃은 1977년 10월 25일 다음 날부터 쓴 『애도 일기』는 이 지적인 비평가의 노트에서 강물처럼 흐르고 흘러 1979년 9월 15일까지 장장 두 해째 이어집니다. '이 순수한 슬픔, 외롭다거나 삶을 새롭게 꾸미겠다거나 하는 따위와는 상관이 없는 슬픔. 사랑의 관계가 끊어져 벌어지고 패인 고랑'이라는 대목은 널리 회자되는 구절이지요.

그처럼 떠난 이를 애도하고, 남은 자들이 서로 위로를 주고받는 시간은 무엇으로 대신할 수 없을 만큼 중요합니다. 정신분석학자들은 이 시간을 충분하고도 적절한 방식으로 치르지 못했을 때의 문제에 대해 심각하게 경고하고 있지요.

함부르크 태생으로 런던에서 공부하고 귀국해 베를린에서 작업하고 있는 브리타 테켄트럽이 돌아가신 자신의 할머니를 떠올리며 만든 그림책 『여우 나무』의 원제는 '추억의 나무' *Memory Tree*예요. 지친 머리를 갸웃이 기울인 오렌지색 털의 회색 눈이 커다란 여우…. 첫 장면부터가 심상찮게 마음을 사로잡습니다. 자기가 사랑했던 세상을 마지막으로 올려다보는, 죽음에 이른 여우!

그림책은 이제 여우와 함께 지냈던 숲 친구들의 추억담을 통해 여우와 함께 했던 날들의 아름다움에 대해 보여주기 시작해요. 누구에게나 다정했고, 어떤 친구들도 잘 보살펴주었으며, 언제나 활기차게 뛰어놀 줄 알았고, 나날의 해 지는 시간을 경배할 줄 알았던 여우…. 페이지를 넘길 때마다 그 생애가 시간을 거슬러 펼쳐집니다. 그림책을 읽는 우리도 함께 조문객이 되어 그 자리에 둘러앉은 듯합니다.

　이야기는 뜻밖에 마법적 판타지로 이어집니다. 친구들의 애틋한 회상이 이어지자, 여우가 잠든 자리에서 여우의 털 색깔과 똑같은 오렌지 나무가 싹트는 거예요. 여우 나무는 계속되는 친구들의 추억담을 양식 삼아 쑥쑥 자라고 자라면서 어느 날 우뚝 줄기를 세우고, 자라고 자라서 숲에서 가장 큰 나무가 됩니다. 여우처럼 활기차게 가지 뻗으며, 여우처럼

> **"** 여우와 함께 지냈던
> 숲 친구들의 추억담을 통해
> 그 삶의 아름다움에 대해 말하기 시작해요.
> 누구에게나 다정했던 여우.
> 우리도 함께 조문객이 되어
> 그 자리에 둘러앉은 듯합니다. **"**

다정한 보금자리가 되어, 여우처럼 든든한 힘을 주는 존재로 거듭나지요.

 세상을 떠난 여우가 나무가 되어 다시 숲으로 돌아온 겁니다. 삶과 죽음의 경계를 넘어 이어지는 이 이야기는 동물들이 등장하는 판타지로 읽히기보다 영원한 존재가 거듭 살고 거듭 죽는 신화로 다가옵니다. 오렌지색 여우의 아름다웠던 삶과, 벗들의 애도를 통해 싹튼 나무가 숲을 이루는 장면은 그래서 더욱 신화 속 공간으로 여겨져요. 나고 죽는 것이 다르지 않은 그 세계에서, 조근조근 이어

> **❝ 조곤조곤 이어지는 추모사와 추억담들을 듣고 있노라면
> 우리가 겪은 어제와 오늘의 슬픔이 겹쳐집니다. 그러면서
> 자연스럽고도 평화로운 치유의 시간이 됩니다.❞**

지는 추모사와 추억담들을 듣고 있노라면 우리가 겪은 어제와 오늘의 슬픔이 저절로 겹쳐지면서 자연스럽고 평화로운 치유의 시간이 됩니다.

### 가까운 이를 떠나보낸 누군가에게 마음을 건넬 때

눈물로 뺨이 축축한 친구 곁에 앉아 장면장면 읽어나가면서, 떠나간 오렌지색 여우의 삶에 우리의 일상을 얹어보기에 좋습니다. 부음을 듣고도 문상을 가지 못했을 때, 뒤늦은 부음을 들었을 때 조의금만 내밀고 오는 걸로는 마음을 전달하는 것이 부족하게 여겨질 때, 유족에게 건네는 위로의 말이 상투적이라 여겨질 때에도, 이 그림책은 더없이 요긴하게 쓰입니다.

● 함께 읽어보세요

「애도 일기」
롤랑 바르트 글 | 김진영 옮김 | 이순

현대 문학 비평에 큰 영향을 끼친 지성, 롤랑 바르트에게 어머니는 여느 어머니 이상이었어요. 스무 살에 결혼해 다음 해 바르트를 낳고, 그 다음 해에 전쟁미망인이 된 어머니 앙리에트 벵제가 84세로 세상을 떠나자 다음 날부터 바르트는 노트를 4등분해 만든 쪽지 위에 잉크로 연필로 하염없이 일기를 써내려갑니다. 끊임없이 죽음 충동에 시달리면서요.
책상 위 조그만 상자에 모아둔 이 날것 그대로의 비명들은 프랑스 현대저작물기록보존소에 보관되었다가 한 자도 생략되는 내용 없이 재편집되어 2009년 쇠이유 출판사에서 출간됩니다. 바로 이 책이지요. 가장 가까운 이의 죽음이 던진 질문과 대답은 무엇인지, 공유할 만합니다.

『강아지 천국』| 신시아 라일런트 글·그림 | 류장현 옮김 | 책공장더불어

# 당신의 강아지는
# 천국에서
# 행복할 거예요

10년 넘게 함께 살았던 강아지를 떠나보내고 너무 힘들어하는 선배에게 이 그림책을 선물로 보내줬습니다. 퇴근해 들어가면 가족들이 들어오지 않은, 아무도 없는 집에서 그 강아지가 얼마나 자신을 반갑게 맞아주는지, 그게 얼마나 기쁜 일인지를 숱하게 들었던 저도 가슴이 참 아팠습니다. 한밤중 그 선배에게 이런 문자를 받았습니다.

"그림책에서 이렇게 위로를 받을 줄 몰랐어. 우리 강아지도 잘 지내고 있을 거라고 생각하니 마음이 편해져. 고마워."

진심이 담긴 아름다운 문장으로 정평이 난 신시아 라일런트의 그림책은 그런 책입니다. 한국 애견 인구는 100만 명, 반려동물 인구는 1천만 명에 이른다고 합니다. 다섯 명 중 한 명은 반려동물을 기르고 있는 셈이지요. 이렇게 반려동물이 가족과 같은 존재가 되었기에 피할 수 없는 것이 떠나보내는 아픔입니다.

강아지와 행복하게 지낸 이들에게 강아지 천국이 있고, 언젠가는 다시 만날 거라고 속삭이며 시작하는 이 책은 우리 곁을 떠난 강아지가 천국에서 얼마나 재미있고 행복하게 지내는지를 이야기합니다. 그러니까 너무 걱정하지도, 슬퍼하지도 말라고 등을 토닥여줍니다.

라일런트가 보여주는 강아지 천국은 강아지가 신나게 놀 수 있는 넓은 들판이 펼쳐져 있고, 강아지들이 좋아하는 아기 천사들로 가득합니다. 강아지들이 좋아하는 재미있는 모양의 과자들도 넘쳐납니다. 게다가 강아지 천국의 할아버지는 폭신한 구름 침대를 만들어주고, 다정한 눈빛으로 잠자는 강아지 한 마리 한 마리를 지켜봅니다. 그래서 강아지 천국에서 강아지들은 무서운 꿈을 꾸지 않는다고 합니다.

1995년에 나온 『강아지 천국』은 실제로 반려동물 네 마리와 함께 살고 있다는 라일런트의 첫 그림책입니다. 아이들이 그린 것같이 단순하고, 서툰 듯한 일러스트가 평온한 느낌을 주고, 초록과 보라색 풀밭, 분홍과 주황색 하늘, 소금을 부린 듯 피어 있는 꽃과 하늘 가득 떠 있는 하얀 별은 너무 예뻐서 보고 있는 것만으로도 기분이 좋아집니다. '이런 곳에 우리 강아지가 가 있다면 참 다행이야'라고 생각하게 될 겁니다.

그림책에서 천국으로 간 강아지들은 가족들이 그

리워질 때면 가끔 천사와 함께 아무도 모르게 땅에 내려와 창문 너머 가족들이 잘 지내는지 본다고 합니다. 가족들이 잘 지내는 모습을 보면 안심하고 다시 천국으로 간다고 말이죠. 그러니 강아지를 떠나보낸 뒤 주인이 너무 슬퍼하지 않고 행복하게 살길 바랄 거라고, 강아지를 위해서라도 잘 버티고 잘 살아야 한다는 이야기를 전하고 있습니다.

고양이도 강아지도 키우지 않지만 창문 너머 주인집을 들여다보는 강아지 그림이 참 마음에 와닿았습니다. 이런 마음이 떠난 존재가 남은 이에게 주고 가는 선물이 아닐까 합니다. 언젠가 아들을 잃은 한 학자가 자신의 책에서 아들이 자신에게 남겨준 마음의 힘으로 버티고 살아간다는 이야기를 한 적이 있습니다. 라일런트의 이 그림책은 그런 마음을 전해주고 있습니다.

> **❝** 강아지를 떠나보낸 이들에게
> 강아지 천국이 있고, 다시 만날 거라는 것을
> 속삭이듯 말하며 시작하는 이 책은
> 우리 곁을 떠난 강아지가 천국에서
> 얼마나 재미있고 행복하게 지내는지를
> 이야기합니다. 그러니까 너무 걱정하지도,
> 슬퍼하지도 말라고 등을 토닥여줍니다. **❞**

"천국으로 간 강아지들은
가끔 아무도 모르게 땅에 내려와
가족들이 잘 지내는지 본다고 합니다.
이 책은 떠난 강아지를 위해서라도
남은 이들이 행복하게 지내야 한다고
말해주고 있습니다."

라일런트는 2년 후에는 『고양이 천국』을 내놓았습니다. 『고양이 천국』도 고양이 천국이 얼마나 행복한 곳인지, 그곳에서 고양이가 주인이 자신을 만나러 올 때까지 얼마나 행복하게 지내고 있는지를 보여줍니다. 반려동물을 떠나보낸 이들이라면 이 책을 통해 키우던 친구들의 행복한 '그곳 생활'을 떠올려봐도 좋을 것 같습니다.

### 반려동물과의 이별로 슬퍼하는 이에게

오랫동안 함께 한 반려동물을 떠나보낸 이들에게 이보다 더한 위로는 없습니다. 강아지를, 고양이를 떠나보내고 울음을 그치지 않는 이들에게 건네면 좋습니다. 그림책을 한 장 한 장 넘기면서 많은 위안을 받을 것입니다. 함께 읽고 이야기를 나누다보면 반려동물을 떠나보내는 데 조금은 도움이 될 것입니다.

● 함께 읽어보세요 ●

**『우리 누나 우리 구름이』**
정호선 글·그림 | 창비

하얗고 작은 강아지 구름이를 키우려다 이웃의 반대로 다른 집으로 보내야 하는 과정을 간결하면서도 애틋하게 담은 그림책입니다. 이런 경험이 있다면 읽어보세요. 강아지를 좋아하는 아이뿐 아니라, 아이를 사랑하는 강아지의 마음도 담아냈습니다.

『나무를 그리는 사람』 | 프레데릭 망소 글·그림 | 권지현 옮김 | 씨드북

# 그림책을 통해
# 숲과 만나시길, 숲을 통해
# 휴식을 누리시길

그림책은 그림이 전부라고 해도 과언이 아닙니다. 글 텍스트를 읽지 않아도 그림을 보는 것만으로도 즐겁고, 놀랍도록 마음이 편안해지기도 합니다. 그림이 주는 심리적 효과입니다.

프랑스 작가 프레데릭 망소의 『나무를 그리는 사람』은 그림의 심리적 효과가 매우 뛰어난 그림책입니다. 일단 가로 25센티미터, 세로 32센티미터의 대형 판형입니다. 책을 열면 가로 50센티미터의 큰 그림이 펼쳐지죠. 그 안에는 화려한 색감의 나무와 숲이 원경에서 시원하게 펼쳐져 있습니다.

그림책의 주인공은 매일 숲에서 그림을 그리는 프랑시스 아저씨입니다. 집 앞에서 숲으로 이어지는 구불구불한 길을 따라 숲으로 들어가 마호가니 나무 위로 올라가 그림을 그리기도 하고, 자전거를 타고 좀 더 먼 곳으로 가서 무화과 나무를 그리기도 합니다. 때로는 풍선 열기구를 타고 하늘 위로 올라가 숲의 그림을 그립니다. 그런 프랑시스 아저씨가 사랑하는 숲에 어느 날 불도저가 들어옵

> **"이 그림책의 최대 미덕은 그림입니다. 큰 그림을 한 장 한 장 넘기다보면 진짜 그 숲에 들어와 있는 것처럼 심호흡을 하게 됩니다. 그림책이 주는 휴식이죠."**

니다.

　프랑시스 아저씨는 작가가 프랑스 식물학자이자 열대림 보호론자인 프랑시스 알레를 모델로 만든 인물입니다. 프랑시스는 열대림 보호 다큐멘터리 〈원스 어폰 어 포레스트〉 기획자로 망소는 다큐멘터리 촬영 당시 가봉으로 건너가 프랑시스를 직접 만나서 그림책을 그렸다고 합니다. 당시 프랑시스 알레는 작가에게 "자연은 참으로 위대하다"라고 말했는데, 그림책에서도 숲이 사람들에 의해 파괴되지만 위대한 자연의 힘으로 다시 살아납니다.

　숲이 들려주는 이런 위대한 이야기도 이야기지만 이 책의 최대 미덕은 그림입니다. 그림은 프랑시스 아저씨를 클로즈업하는 방식이 아니라, 숲 전체를 멀리서 풀샷으로 잡아냅니다. 주인공인 아저씨는 넓은 숲, 저 안쪽 나무에 올라앉은 작은 모습으로 그려져 있습니다. 아니면 아저씨의 눈으로 본 숲의 모습이 펼쳐집니다. 그림책의 진짜 주인공은 숲이라고 말하는 듯합니다.

그림책 속 숲은 원색 계열의 화려한 색감으로 표현돼 있습니다. 명암법이나 원근법을 무시하고 나무는 수직으로 하늘로 쭉쭉 뻗게 그리고, 나무와 꽃잎의 결은 붓끝으로 아주 세밀하게 그려냈습니다. 그 큰 그림을 한 장 한 장 넘기다보면 한 번쯤 진짜 그 숲에 들어와 있는 것처럼 심호흡을 하게 됩니다. 그림책이 주는 휴식이죠.

물론 가장 좋은 휴식이라면 책을 덮고 직접 숲을 찾는 것입니다. 숲이 멀어 갈 수 없다면 가까운 나무가 있는 길을 걷는 것, 나무를 보고 계절의 변화를 느껴보는 것 그 정도는 할 수 있을 테지요.

"가장 좋은 휴식은 책을 덮고
직접 숲을 찾는 것입니다.
숲이 멀어 갈 수 없다면
가까운 나무가 있는 길을 걷는 것,
나무를 보고 계절의 변화를
느껴보는 것 정도는
할 수 있을 테지요."

## 피곤한 당신이라면 누구에게나

책장을 넘기며 주인공 프랑시스를 따라, 어마어마한 크기의 나무 뿌리에 걸터앉아보고, 나뭇가지 위에 앉아 그림을 그려보고, 풍선 열기구를 타고 높이 높이 올라가 숲을 한눈에 내려다보시길.

할 일과 해야 할 일들의 리스트, 사람들이라면 누구나 감당해야 할 많은 감정들, 크고 작은 걱정거리들이 다져지고 다져져 돌덩이처럼 딱딱해진 마음, 반대로 이들로 팽팽하게 터질 듯 부풀어오른 긴장된 마음, 그 한 구석에서 피식하고, 시원하면서도 조용하게 바람 빠지는 소리가 날 것입니다.

● 함께 읽어보세요 ●

『나무를 심은 사람』
장 지오노 글 | 프레드릭 백 그림 | 햇살과나무꾼 옮김 | 두레아이들

외로운 양치기가 수십 년 동안 나무를 심어 메마르고 거대한 황무지를 아름다운 숲으로 만든 장 지오노의 이야기는 언제나 경외감을 불러일으킵니다. 위대한 희망의 서사이지요. 세계적 애니메이터 프레데릭 바크가 이 작품을 애니메이션으로 만들었습니다. 책에 실린 그림은 프레데릭 바크가 만든 애니메이션 그림 중 소설의 내용에 맞는 것을 뽑아 다시 손을 본 것입니다.

「아기여우와 털장갑」 | 니이미 난키치 글 | 구로이 켄 그림 | 손경란 옮김 | 한림출판사

## 흰눈이 우리를 안아주는 밤

제철이 아닐 때 백화점 옷 가게를 지나다보면 가끔 두툼한 모피코트가 여러 벌 걸려 있습니다. 한 번은 그 코트에 손을 대어보고서 기분이 섬뜩해져서 뒤로 물러서고 말았습니다. 너무 부드러워서 마치 살아 있는 밍크를 직접 만지는 것 같았기 때문입니다. 얼마 전까지도 살아 있는 생명이었다는 것을 깨닫자 가슴이 철렁 내려앉았습니다.

우리는 좀처럼 생명의 온기를 느낄 수 없는 공간에서 지내고 있습니다. 인간과 길고양이, 강아지, 비둘기 정도를 제외하고는 꿈틀거리는 생명을 만나기도 어렵습니다. 하지만 우리가 이 작은 생명들과 잡은 두 손을 놓는 순간 온 세계가 사막이 되는 것은 순식간입니다.

그림책 『아기 여우와 털장갑』은 눈보라 속에서 장갑을 찾아 마을에 내려온 아기 여우가 사람들에게 살아 있다는 귀여운 신호를 보내고, 그 마음을 읽은 할아버지가 아기 여우에게 따뜻하게 응답하는 이야기입니다.

이 그림책에는 걱정 많은 엄마 여우와 세상 물정 모르는 갓 태어난 아기 여우가 나옵니다. 추운 겨울 북쪽 나라 산골짜기에 흰눈이 펑펑 내립니다. 아기 여우는 처음 마주친 함박눈이 신기해서 종일 눈밭을 뛰어다니다 동굴로 돌아옵니다.

그런데 함박눈이 아무리 신기하고 신이 나도 손이 시린 걸 막을 수는 없습니다. 엄마 여우는 아기 여우의 차가운 손을 다독여주지만 그것만으로는 작은 손이 잘 녹지 않습니다. 밤이 되면 마을로 내려가서 아기 여우의 손에 꼭 맞는 예쁜 털장갑을 한 켤레 사줘야겠다고 마음먹습니다. 엄마 여우는 아기 여우를 데리고 마을 가까이 다가갔다가 가게의 불빛을 본 순간 멈칫 멈추고 맙니다. 사람들의 마을로 놀러갔다가 간신히 죽을 고비를 넘겼던 옛 기억이 되살아났기 때문입니다.

> **"** 부드러운 눈의 세계에서 엄마와 아기가,
> 여우와 사람이 사랑과 이해로 품어주는
> 모습을 바라보고 있노라면 마음속에
> 고요와 평안이 찾아옵니다.
> 이 책의 함박눈 그림은
> 그림책 속 최고의 설경으로 꼽힙니다. **"**

　고민 끝에 엄마 여우가 아기 여우의 한쪽 손을 꼭 쥐고 있으니, 그 손은 사람의 어린아이의 것으로 변합니다. 아기 여우는 달라진 자신의 손을 신기하게 바라봅니다. 엄마 여우는 아기 여우에게 커다랗고 둥근 모자 간판이 있는 집을 혼자 찾아가라고 합니다. 그곳은 모자도 팔고 털장갑도 파는 가게입니다. 그러면서 당부를 거듭합니다. 그 집에 가면 문을 똑똑 두드리고 문틈 사이로는 반드시 방금 변한 '사람의 손'을 내밀고 장갑을 달라고 하라고 말이지요.
　절대로 여우의 손을 내밀면 안 된다고 신신당부하는 엄마의 말을 뒤로 하고, 엄마 여우가 손에 쥐어준 은전 두 닢을 가지고 아기 여우는 가게를 찾아 마을로 들어갑니다. 배운 대로 얌전히 문을 두드렸지만 열린 문틈으로 새어나온 불빛은 너무 눈부셨습니다. 아기 여우는 놀란 나머지 엄마 여우가 그렇게도 조심하라고 당부한 '여우의 손'을 내밀고 맙니다.

갑작스러운 방문에 놀란 가게 주인 할아버지는 아기 여우에게 맞는 털장갑을 찾아서 팔아야 하는 이 난감한 사태 앞에서 잠시 당황합니다. 그러나 두 말 없이 조그만 아기 장갑을 찾아 다정하게 건네줍니다. 아기 여우는 엄마에게 받아온 은전 두 닢을 값으로 치르고, 장갑을 받아 입에 물고 집으로 무사히 돌아옵니다.

새 장갑은 작은 손에 잘 맞았어요. 장갑을 낀 두 손으로 펑펑 손뼉을 치며 '사람이 조금도 무섭지 않다'고 엄마 여우에게 떠벌이는 아기 여우의 쇼핑 후기가 귀엽습니다.

우리는 옛이야기를 통해 여우가 사람을 홀린다는 말을 듣지만 사실 더 걱정하는 쪽은 사람을 피해 살아가야 하는 여우일 것입니다. 이 그림책을 읽고 나면 여우에 대한 고정관념이 바뀝니다. 아기 여우를 마을에 내려보내면서 두려워하는 엄마 여우의 마음을 잘 알겠고, 일생 최초의 큰 모험을 하고 씩씩하게 돌아온 아기 여우가 앞으로도 다치지 않고 건강하게 살았으면 좋겠다는 마음이 듭니다. '어쩜 여우같이 순하기도 하지!'라는 표현을 즐기게 될지도 모르겠습니다.

이 그림책의 글을 쓴 작가는 니이미 난키치입니다. 그는 네 살 때 엄마를 잃고 그뒤로 계속 할머니의 손에서 자랐다고 합니다. 기억할 수도 없는 어린 나이에 엄마와 헤어진 니이미 난키치는 노을이 물드는 저녁이면 곧잘 나무에 기대어 서서 볏짚을 씹으며 엄마의 모습을 상상했다고 합니다.

　아기 여우를 달래는 엄마 여우의 손길은 더없이 포근합니다. 몽환적이고 부드러운 눈의 세계에서 엄마와 아기가, 여우와 사람이 사랑과 이해로 품어주는 모습을 바라보고 있노라면 마음속에 고요와 평안이 찾아옵니다. 그림을 그린 구로이 켄은 이 책이 걸작이 되게 한 일등공신이기도 합니다. 니이미 난키치의 글을 원작으로 삼은 화가가 여럿 있었지만 구로이 켄의 함박눈 그림은 그림책 속 최고의 설경으로 꼽힙니다.

### 함박눈이 그리운 날 펼쳐보세요

창밖에 아름다운 함박눈이 내려도 눈 구경 한 번 마음껏 하기 힘든 회색 빌딩 속의 직장인들에게 권합니다. 지금은 일에 매여 있지만 책 속의 설경을 보면서 잠시나마 고단한 하루를 잊어보는 건 어떨까요.

● 함께 읽어보세요 ●

『눈 오는 날: 장서리 내린 날』
엠마누엘레 베르토시 글·그림 | 김은정·이순원 옮김 | 북극곰

눈이 많이 내리는 이탈리아의 산골마을 프리울리를 배경으로 한 그림책입니다. 출판사는 이 책을 번역 출간하기로 결정하고서 프리울리와 강원도 산골마을이 닮았다고 생각합니다. 그래서 강원도가 고향인 소설가 이순원 선생에게 번역을 부탁했고 선생은 모든 문장을 생생한 강원도 사투리로 옮겼습니다. 무뚝뚝하면서도 정감 가득한 강원도 사투리와 함께 이탈리아 어느 마을의 눈밭을 상상해보세요. 역자가 직접 녹음한 오디오북도 있습니다.

# 글과 그림만?
# 구석구석 감춰진 그림책의
# 은밀한 이야기

그림책은 골목과 대문과 마당이 있는 한 채의 작은 집과 같습니다. 평면 위에 펼치는 예술이지만 잘 지은 그림책에서는 견고한 실물의 입체적 느낌이 납니다.

그림책의 이야기는 글과 그림이 함께 만듭니다. 그림을 가리고 글을 보면 이야기를 제대로 이해할 수 없고 어떤 책은 글자 없이 그림만으로 이야기를 엮어가기도 합니다. 글자가 없는 그림책에서 인물들의 대화와 작가의 목소리는 그림 속에 숨겨져 있습니다. 마치 숲속에 비밀의 오솔길이, 기와지붕 안쪽에 촘촘한 뼈대가 버티고 있는 것처럼, 보이지 않는 글이 그림이 꾸려가는 이야기를 지탱해주고 있는 것이지요.

그뿐만 아닙니다. 책을 구성하는 종이의 질감과 두께, 낱장의 종이를 묶고 펼치는 방법, 필요한 부분을 자르고 반짝거림을 더하고 구멍을 내어서 만드는 출판 제작의 여러 가지 후가공 과정까지 마쳤을 때 비로소 그림책이라는 한 권의 집이 완성됩니다. 따라서 그림책은 '쓴다', '그린다'고 하지 않고 '만든다'고 합니다.

대부분의 책은 '읽는다'고 말하지만 그림책의 공간 안에는 단순

한 읽기와 보기를 넘어서는, 종합적 예술 경험과 출판의 전문 노하우가 담겨 있습니다.

멋진 집에 처음으로 초대받았을 때 우리가 어떻게 그 집에 들어가는지 생각해보세요. 그림책을 잘 읽는 방법은 이와 비슷합니다. 그림책의 표지는 대문과 같습니다. 책등을 가운데 두고 앞표지와 뒷표지를 펼쳐보세요. 하나의 그림으로 연결되어 있다면 큰 대문이 있는 집입니다. 이수지의 『검은 새』의 경우 앞표지와 뒷표지를 잇는 압도적인 비행 장면이 등장합니다. 펼쳐서 보지 않으면 무심코 지나칠 수 있는 아름다운 장면입니다.

앞표지와 뒷표지가 두 개의 장면으로 나뉘어 있다면 입구와 출구가 다른 두 개의 문이 있는 집으로 생각하면 됩니다. 표지는 대개 이야기의 전체적인 인상을 보여주는 편이지만 거기서부터 바로 이야기를 시작하는 그림책도 있습니다. 백희나의 『어제 저녁』은 표지에서부터 글이 등장합니다. 이 그림책은 아코디언처럼 펼쳐서 읽는 방식으로 구성되어 있어서 표지가 곧 본문 첫 장면입니다. 표지를 해석하면서 이야기를 읽기 시작하는 것은 새 집을 방문할 때 주변 골목과 대문, 들어가는 입구를 잘 살펴보면서 들어가는 것과 비슷한 일입니다.

책을 펼치면 처음 만나는 것은 면지입니다. 면지는 딱딱한 표지와 부드러운 속지를 잇는, 단단하게 풀칠이 된 부분입니다. 앞면지와 뒷면지가 있는데 단색의 간단한 면지도 있지만 요즘은 그림이 그려진 면지가 많습니다. 면지는 대문을 지나 건물로 들어가는 작은 뜰인 셈입니다. 그림이 없다면 면지의 색이나 그림은 이 책이 앞으로 보여주게 될 이야기의 분위기나 단서를 상징합니다.

안은영의 『가방엔 뭐가 있을까』에는 앞으로 책에 나올 저마다 다른 가방의 실루엣이 그려져 있습니다. 이자벨 미뇨스 마르틴스의 『아무도 지나가지 마』에는 작품 속에서 멋진 시위를 벌이게 될 군중들이 한 명 한 명 자신의 이름을 걸고 등장을 예고합니다.

앞면지가 예고편이라면 뒷면지는 크레딧이나 보너스 트랙과 비슷합니다. 전미화의 그림책 『미영이』의 뒷면지는 미영이가 엄마와 귀가 버스를 기다리는 장면인데 이 책을 읽은 독자라면 가장 궁금해 하는 강아지의 동행 여부도 여기서 알 수 있습니다. 뒷면지를 읽지 않고 책을 덮은 독자는 영영 그 궁금증을 풀지 못하겠죠. 김동성의 『엄마 마중』은 원작인 이태준 선생의 글에 없는 확장된 속편을 뒷면지에 담아놓아 화제가 되기도 했습니다. 이 그림책을 읽는 분이라면 반드시 뒷면지에서 빨간 막대사탕을 찾아보시기 바랍니다.

그런가 하면 그림책의 현관문은 속표지입니다. 고전적으로 속표지는 판권면을 왼쪽에 두고 배치되었으며 다시 한 번 책의 제목과 작가의 이름을 환기시키는 장치였습니다. 그러나 요즘은 제목만 배치하고 넓은 여백을 둔 속표지를 한 장 더 배치한 그림책도 많습니다. 현관에 중문을 두어 집에 들어가는 사람의 공간적 느낌을 조절하는 것과 비슷한 방법입니다. 제목은 책 전체를 하나로 상징하는 것이나 다름이 없기 때문에 본문을 읽기 전에 넉넉한 여백을 누리면서 제목의 의미에 잠시 집중해보는 것도 좋은 그림책 읽기 방법입니다. 최대한 능동적으로, 더 많이 상상하면 할수록 그림책은 예기치 않은 즐거움과 새로운 의미를 가져다줄 것입니다.

　요즘은 책등이나 책등의 반대편에 의미를 숨겨두기도 합니다. 전주영의 『노란 달이 뜰 거야』의 책등을 보면 작은 나비가 그려져 있습니다. 이 나비는 글자가 적고 그림이 많은 이 그림책을 이해하는 중요한 열쇠입니다. 구세 사나에의 『우리 비밀 기지로 놀러와』의 책등에는 두 사람의 주인공이 일찌감치 자신의 캐릭터를 보여주면서 등장합니다. 안녕달의 『수박 수영장』을 읽을 때는 반드시 책등의 반대편을 살펴보세요. 수박처럼 붉은색으로 후가공을 한 먹음직스러운 모습이 나타납니다. 이 그림책의 면지는 수박 껍질 같은 초록색이기 때문에 한 입 시원하게 베어 무는 기분으로 책읽기를 시작해도 좋습니다.

　그림책의 공간을 이해하는 일은 그림책 읽기라는 신비스러운 여행의 출발입니다. 표지와 면지, 속표지, 만듦새의 비밀을 살펴보면서 작가가 지은 그림책이라는 집의 더 깊고 놀라운 지점까지 문을 두드려보시기를 바랍니다. | 김지은, 동화작가·아동문학평론가

넷,
지금도 우리는
　　　성장하는
중입니다

인간의 생물학적 성장 그래프는 대체로 여섯 살쯤에 이미 50퍼센트를, 열네 살쯤에 이르면 90퍼센트를, 스물네 살쯤에 100퍼센트를 그린다고 합니다. 이후로는 노화의 하향 그래프! 하지만 심리학적, 사회문화적, 생애주기별 요소들이 한꺼번에 작용하기 때문에 개인마다 차이가 있는 거지요.

실제로 어른이 된 우리는 모두 나날이 늙어가지만, 세월이 흐를수록 근사하게 성숙해가는 이들도 있습니다. 그래서 새삼 자문해봅니다. 진실로 우리를 성숙하게 만드는 것은 무엇일까. 시시때때로 자신의 성장을 의식하는 것이야말로 스스로를 성장케 한다고 자답합니다. 아울러 좌절과 슬픔과 낙담이 성장통이라고, 우리를 키우는 것은 팔 할이 '성장의 고통'이라고 말이지요.

흥미롭게도 세상 모든 그림책을 아우르는 대주제 또한 성장입니다. 그림책이 보여주는 성장통은 결코 녹록치 않은 생의 이런저런 국면에 의미심장하게 대입되지요.

『꼬마 다람쥐 얼』의 주인공이 자기 힘으로 다람쥐다운 방식으로 도토리를 구하기 위해 고군분투하고도 가혹한 꾸중을 듣는 모습은 나름대로 야근을 해가며 업무를 해내고도 채근당하던 모습에 겹치고요, 추위와 두려움을 견디며 숲에 이르고서도 부엉이를 부르고 기다리고 다시 부르고 기다리는 『부엉이와 보름달』의 주인공은 좀처럼 대답이 오지 않던 어느 날의 어떤 기다림을 떠올리게 합니다. 『고래가 보고 싶거든』의 잠언적인 글줄은 결국 이런 일들이 내게만 일어나는 건 아니라는 것과 이에 대처하는 우리의 자세에 대해 말해주지요.

　성장통을 이겨낸 결과는 그야말로 허들 하나를 훌쩍 뛰어오른 도약의 기쁨으로 이어집니다. 그림책의 결말이 허무맹랑한 해피엔딩이 아니라 알알이 구슬을 꿴 목걸이처럼 단단한 만족감을 느끼게 해주는 이유도 주인공의 성공이 성장으로 이어지기 때문이지요.

　『구룬파 유치원』에서는 칭얼대며 낙담하던 코끼리 구룬파가 비로소 제게 맞는 일을 하게 되면서 한 세계를 끌어안게 되고, 『바다가 보고 싶었던 개구리』에서는 천신만고 끝에 숲속 연못으로 돌아온 개구리 앨리스가 거듭 새로운 모험을 꿈꾸는 존재가 됩니다. 『눈 오는 날』의 피터는 친구와 눈 놀이를 하면 더욱 멋진 시간을 보낼 수 있으리라는 전날의 깨우침에 의해 더 나은 하루를 도모하게 되고요, 『창밖의 사람들』이 보여주는 정경을 통해 우리는 참다운 공동체의 삶을 자각하는 존재로 거듭나기도 합니다.

　그 덕분에 그림책을 어린 아이들이나 보는 책으로 치부했던 어른은 크게 놀라고, 놀라움이 클수록 그림책에 깊이 매혹되곤 하지요. 이 또한 멋진 성장이 아닐 수 없습니다. 나날이 자라고 자라는 어른이 되고 싶을 때, 한 권의 그림책을 펼쳐보시길.

『꼬마 다람쥐 얼』| 돈 프리먼 글·그림 | 햇살과나무꾼 옮김 | 논장

# 자기 힘으로 살아가는 것,
# 성장의 시작을 응원합니다

자기 힘으로 살아가게 된 존재에게, 또 새로운 길을 나서는 스스로에게 힘내라는 응원이 필요하곤 해요. 하지만 자칫 진부한 후렴이 되거나 지나친 억압이 되기도 합니다. 그림책이 얘기하는 화법이야말로 싱긋 웃으며 잊어버렸다가 새삼 떠올리며 힘 돋울 수 있는 멋진 격려의 방식이라고 여겨집니다.

실제로 그림책의 대주제는 성장이고, 우리의 삶은 어린 아이의 나날과 다름없이 몸을 뒤집고 기고 일어서고 걷고 달리는 독립의 고달픔과 기쁨으로 가득한 시간이니까요.

'빨간 목도리 두른 다람쥐 그림책'으로도 널리 알려진 『꼬마 다람쥐 얼』은 무엇이 참다운 성장인가를 묻고, 그를 격려하고, 그 과정의 좌충우돌 시행착오를 위로하는 멋진 그림책입니다.

집에 쌓아둔 도토리를 먹으며 행복하게 지내던 꼬마 다람쥐 얼에게 어느 날 엄마가 선언합니다. '얼, 너도 이제 혼자서 도토리를 구해보렴.' 얼은 수긋하게 집을 나서지만, 어쩐지 가슴이 철렁해지는 대목이지요. 도토리를 어떻게 구하는지 모르는 얼이 꼬마 친구 질한테 가봤더니, 먹음직스럽게 생긴 큼직한 도토리 한 알을 줍니

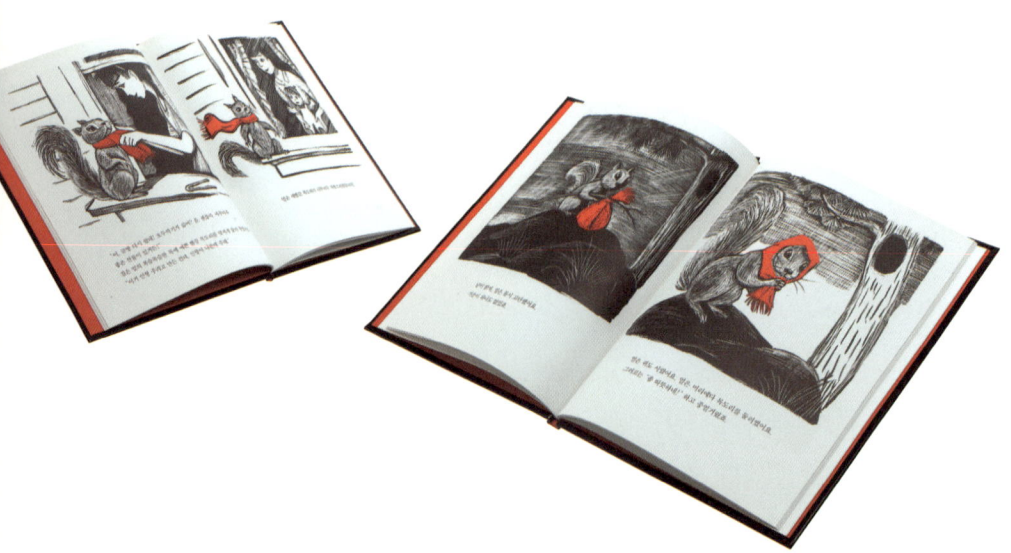

다. 호두까기까지 함께요. 자기 힘으로 도토리를 구했다고 득의양양 달려온 얼! 하지만 엄마의 생각은 다릅니다. 다람쥐다운 방식으로 구해야 한다고, 호두까기며 빨간 목도리도 다람쥐다움에 어긋난다며 당장 돌려주라 호통입니다. 너무 과격한 훈육에 얼이 안쓰럽다 싶으면서도, 시종일관 자기 원칙에 당당한 엄마가 근사해보이기도 합니다.

  얼도 만만치 않아요. 질이 자기 인형을 꾸미려고 직접 만들었지만 시무룩한 얼을 위로하기 위해 둘러준 '빨간 목도리'가 너무도 마음에 들어서 엄마의 호통에도 '칫, 목에 두르지만 않으면 되잖아요. 빨간 보자기로 쓸게요'라는 듯이 앙큼하게 고수해요. 쓸쓸하고 기운 없을 때엔 머리싸개로 목도리로 쓰면서요. 그래서 작가가 처

> **“자기 힘으로 살아가게 된 누군가에게,
> 또 새로운 길을 나서는 스스로에게 건네는
> 힘내라는 응원은 자칫 진부한 후렴이 되기도 합니다.
> 하지만 다람쥐 얼의 모습은 어떤 응원보다
> 멋진 격려가 되어줍니다.”**

음 정한 이 책의 원래 제목이 '세상에서 가장 버릇없는 다람쥐'*The Most Spoiled Squirrel in the World*였겠지요.

빨간 목도리가 화면에 등장하면서부터, 얼핏 단조로워 보이던 이 흑백 스크래치 그림책은 본격적인 매력을 뿜어냅니다. 아울러 행운과 불운을 번갈아 몰고오는 모티프가 되어 얼의 모험을 이끌기도 하고요. 죽을 뻔한 위기를 넘겨가며 간신히 구한 도토리 두 알을 빨간 목도리에 싸서 돌아간 얼은 비로소 듣게 된 엄마의 찬사에, 다람쥐답다기보다 한뼘 성장한 존재로서 경쾌하게 대답합니다. '친구가 준 행운의 목도리 덕분'이었다고 말이지요.

성공적인 결말은 흐뭇한 후일담을 남기는 법입니다. 후일담 하나, 얼은 엄마가 인정한 최고로 맛난 도토리 한 알을 질에게 선물하러 가는데, 다정하고 따뜻한 격려가 되었던 빨간 목도리도 미련없이 풀어서 원래 임자인 질의 인형에게 둘러줍니다. 후일담 둘, 얼은 황소 콘래드가 수북이 남긴 불로소득 도토리를 줍지 않고, 직접 떡갈나무에 오릅니다. 엄마가 내준 숙제, 혼자 힘으로 도토리 따기를 당당히 해낸 겁니다.

### 누군가의 생애 첫 순간을 기념해주고 싶다면

돈 프리먼이 1978년 세상을 떠난 뒤에 발굴되어 2005년 미국에서 최초로 출간된 이 그림책은 스크래치와 펜화 기법에 까만색과 빨간색 두 가지만 쓴 클래식한 그림이 매력적인 소장품이에요. 직장

새내기에게, 생애 첫 해외여행을 결심한 이에게, 신입 대학생에게 이 그림책에 곁들여 '얼의 도토리'라고 이름 붙인 견과류 한 봉지를 건네곤 해요. '빨간 목도리'를 곁들이는 새로운 선물 세트도 시도해보려고 합니다.

● 함께 읽어보세요 ●

『하늘을 날고 싶은 아기 새에게』
피르코 바이니오 글·그림 | 이상희 옮김 | 토토북

새라면 언젠가 날게 마련이지만, 아기 새는 서둘러 엄마 아빠처럼 근사하게 날아보고 싶어 안달합니다. 아기 새의 깜찍하고도 무모한 모험과 도전은 그림으로, 그를 제지하기도 하고 이끌어주기도 하는 어른의 격려와 응원은 다정하고 시적인 글로 펼쳐보이는 그림책이에요. 『꼬마다람쥐 얼』과 함께 건네면 격려의 의미가 더욱 풍부해질 거예요.

『부엉이와 보름달』 | 제인 욜런 글 | 존 쇤헤르 그림 | 박향주 옮김 | 시공주니어

# 부엉이를 보고 싶다는
# 소망이 없었다면
# 고통도 없었겠지요

『부엉이와 보름달』은 보름달 뜨는 밤에 부엉이 구경을 나간 소녀의 조마조마하고 설레는 마음을 담은 그림책입니다. 동화작가 제인 욜런이 쓴 서정적이고 시적인 글의 울림이 큰 책입니다. 그림 작가인 존 쉰헤르가 그녀의 글을 받았을 때 단박에 매료되었다고 고백했을 만큼 아름답습니다. 그저 부엉이를 보러간 이야기가 아니라 그 겨울밤에 소녀가 자연의 경이로움에 눈 뜬 이야기와 성장의 서사를 감동적으로 포개놓았기 때문입니다.

보름달이 뜬 밤이었습니다. 흰눈까지 푸짐하게 내려 한밤이지만 세상은 낮처럼 밝아보입니다. 어린 소녀가 아빠 손을 잡고 집을 나섭니다. 이미 오빠들은 모두 부엉이 구경을 했고 말끝마다 소녀에게 으스댔습니다. 그래서 그동안 소녀는 간절히 부엉이 구경을 원했고, 그날이 바로 오늘입니다.

펜과 수채 물감을 사용하고 여백을 적극적으로 그림 속으로 끌어들인 존

> **"어른이 되는 성장의 길은 멀고 험난합니다. 하지만 소녀가 부엉이를 보고 싶다는 소망을 품지 않았더라면 추운 밤길을 고통스럽게 걸을 필요도 없습니다. 그 고통이 결국 우리를 성장시키는 겁니다."**

쉰헤르의 그림은 그야말로 일품입니다. 한 편의 시 같은 글을 그림으로 풀어내는 일은 쉽지 않았을 것입니다. 이렇다 할 사건 없이 집에서 나온 아빠와 소녀가 숲속으로 걷고 걷고 또 걸어들어가고 있으니까요. 그저 터질 듯한 기대감만이 흐르고 있으니까요. 하지만 존 쉰헤르는 숲속을 걷는 부녀의 모습을 아주 다채롭게 연출했습니다. 원경과 클로즈업을 적절하게 사용해 지루해질 틈을 주지 않습니다. 특히 소녀가 부엉이를 만나는 절정 장면에서 사용된 클로즈업은 독자의 숨을 멈추게 합니다.

귀와 볼이 얼어붙도록 시리고 추운 밤. 긴 기다림 끝에 소녀는

 숲속에서 거대한 존재와 맞닥뜨립니다. 소녀가 만난 건 부엉이만은 아닙니다. 더 거대한 무엇, 대자연에 대한 경외감입니다.

 게다가 부엉이 구경을 갈 수 있다는 건, 소녀가 더 이상 어린애가 아니라는 뜻입니다. 그래서 숲속으로 걸어가던 소녀는 춥지만 불평하지 않습니다. 시커먼 나무 뒤에 뭔가 숨어 있을 것 같아 무섭지만 아빠에게 응석 부리지 않습니다. 부엉이 구경을 한다는 건 일종의 통과의례, 어른이 되어가는 일이니까요.

 진정한 어른이 되는 성장의 길은 멀고 험난합니다. 한 고비를 넘으면 또 다른 언덕이 우리를 기다립니다. 고통스럽습니다. 하지만 만약 소녀가 부엉이를 보고 싶다는 소망을 품지 않았더라면 구태

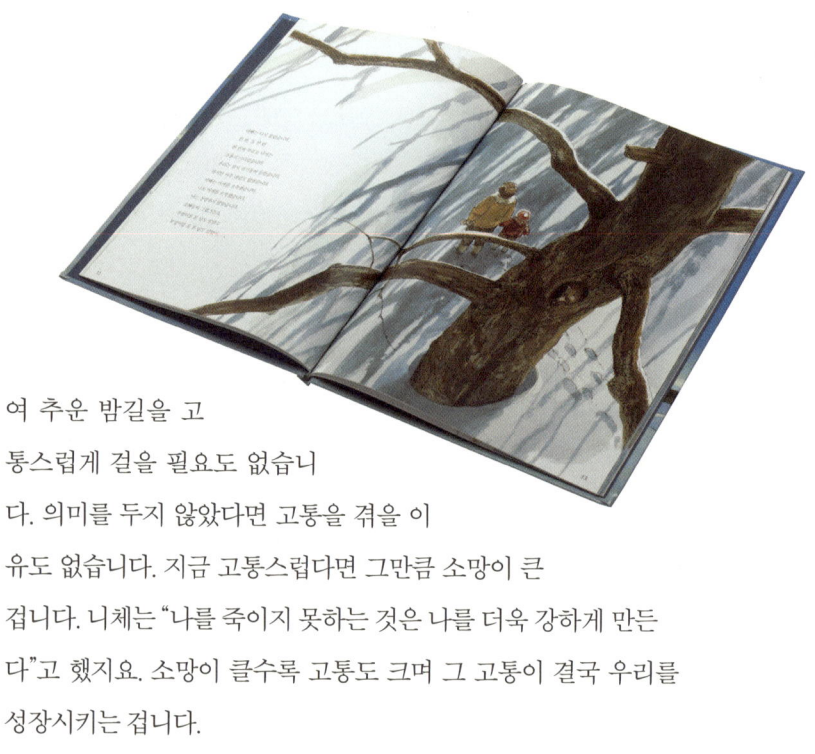

여 추운 밤길을 고통스럽게 걸을 필요도 없습니다. 의미를 두지 않았다면 고통을 겪을 이유도 없습니다. 지금 고통스럽다면 그만큼 소망이 큰 겁니다. 니체는 "나를 죽이지 못하는 것은 나를 더욱 강하게 만든다"고 했지요. 소망이 클수록 고통도 크며 그 고통이 결국 우리를 성장시키는 겁니다.

**마음을 다잡아야 할 때 이 책이 힘이 되어드릴 겁니다.**
이 그림책을 생각하면 먼저 보름달이 떠오릅니다. 밤이 되어도 도시의 삶은 어둡지 않습니다. 하지만 칠흑같이 어두운 산길에서 만난 보름달은 무척 밝습니다. 소녀가 부엉이 구경을 나섰던 보름달이 뜬 밤도 그랬습니다. 소녀는 아마 보름달이 뜰 때마다 소리 없이 커다란 날개를 접고 나뭇가지에 앉았던 부엉이가 떠오를 것입니다. 마음을 다잡아야 할 때마다 보려고 곁에 두는 것들이 있습니다. 성장의 과제로 고민하는 이들이 가까이 두고 보면 좋을 책입니다.

● 함께 읽어보세요 ●

『미스 럼피우스』
바버러 쿠니 글·그림 | 우미경 옮김 | 시공주니어

미스 럼피우스는 평생 세 가지 일을 하겠다고 결심합니다. 말하자면 어릴 때부터 소망의 등불을 켠 것입니다. 먼 곳을 여행하기, 나이 들어 바닷가에 집을 얻어 살기 그리고 마지막으로 세상을 아름답게 만드는 일을 하기로 마음 먹습니다. 이 세 가지를 차례대로 해나가는 미스 럼피우스의 이야기를 바버리 쿠니가 잔잔하지만 아름답게 그려냈습니다. 자신의 꿈을 하나씩 이루려고 노력하는 이들에게 더할 나위 없이 좋은 책입니다.

『고래가 보고 싶거든』 | 줄리 폴리아노 글 | 에린 E. 스테드 그림 | 김경연 옮김 | 문학동네

## 기다리는 일이 즐거워야만
## 고래를 만날 수 있습니다

『고래가 보고 싶거든』은 한 편의 시 같은 그림책입니다. 글 작가인 줄리 폴리아노가 글로 시를 썼다면, 그림 작가인 에린 E. 스테드는 그림으로 시를 지었습니다. 마치 시를 낭송하듯 소리 내어 읽어보고, 천천히 페이지를 넘기며 그림을 들여다보면 좋을 책입니다.

고래가 보고 싶은 소년이 있습니다. 그림책은 소년에게 "고래가 보고 싶니?"하고 말을 걸며 시작합니다. 고래를 보려면 많은 게 필요합니다. 창문과 바다와 시간 같은 것. 하지만 이보다 더 중요한 게 있습니다. 많은 걸 참고 기다려야 합니다. 한눈도 팔면 안 됩니다.

> **"고래는 모든 간절함을 상징합니다.
> 원하는 모든 것의 다른 말입니다.
> 고래는 오래 기다려야 합니다.
> 고래를 기다리는 일이
> 즐거운 사람만이
> 고래를 만날 수 있습니다."**

고래는 언제 나타날지 기약도 없는데 그 사이 다른 유혹이 소년을 찾아옵니다. 장미와 커다란 배와 펠리컨과 구름까지, 이 모든 것들이 왔다 가는 동안 소년은 고래를 까맣게 잊을 수도 있습니다. 하지만 유혹에 넘어가지 말고, 한눈 팔지 않고 고래를 기다리고, 또 기다려야 합니다. 그래야 고래를 만날 수 있습니다. 그렇게 기다리

고 기다려 소년은 고래를 만났을까요?

그림책의 마지막 페이지에 암시가 있으니 아마도 소년은 고래를 만났을 거라고 믿고 싶습니다. 물론 가까이 있다고 꼭 만났을 거라고 확신할 수는 없습니다.

문학은 상징으로 독자에게 말을 겁니다. 이 책이 한 편의 시와 같다고 했지요. 그 말 그대로 이 그림책은 시적 상징으로 우리에게 생각거리를 던집니다. 고래는 우리 마음속에 품은 모든 간절함을 상징합니다. 취업, 승진, 성공, 사랑, 합격, 여행 등 원하는 모든 것의 다른 말입니다.

때로 고래는 거짓 소망일 수도 있습니다. 하찮은 내 모습을 숨기려고 우리는 거짓 꿈을 꾸기도 하니까요. 곧 시험에 합격할 거라고, 곧 유명해질 거라고, 곧 해외로 떠날 거라고 허풍을 떨며 살기도 하니까요. 하지만 만약 마음에 거짓으로 고래를 품었다면 소년처럼 오래오래 고래를 기다릴 수 없습니다.

누구나 자신만의 고래를 찾습니다. 만나기를 소망합니다. 하지만 그 전에 기억해야 할 것이 있습니다. 고래는 오래 기다려야 합니다. 때로는 아무리 기다려도 고래를 만나지 못할 수도 있습니다. 그래서 고래를 기다리는 일이 즐거운 사람만이 고래를 만날 수 있습니다. 현재를 희생하고 오지 않는 고래를 원망해서는 고래를 기다릴 수도, 만날 수도 없습니다. 그러니 오늘 나에게 찾아온 하루를 기뻐하고, 지금 내가 하는 일을 사랑하는 것, 그것이 고래를 기다리는 사람이 가져야 할 자세가 아닐까 싶습니다.

### 혹시 당신도 당신만의 고래를 기다리고 있다면

인생은 생각보다 장기전입니다. 한두 번 운이 좋을 수는 있지만 인생 전체를 요령으로 살 수는 없습니다. 호기롭게 덤볐지만 생각만큼 성과가 빨리 돌아오지 않아 실망하기도 하고, 지금 하고 있는 일이 '내게 어울리는 일일까'라는 고민이 수시로 찾아옵니다. 만일 당신이 그렇다면 이 책을 찬찬히 읽어보면 좋겠습니다.

● 함께 읽어보세요 ●

**『봄이다』**
줄리 폴리아노 글 | 에린 E. 스테드 그림 | 이예원 옮김 | 별천지

줄리 폴리아노와 에린 E. 스테드가 처음 호흡을 맞춘 그림책입니다. 역시 섬세한 글과 서정적인 그림이 만났습니다. 이 그림책에서도 줄리 폴리아노는 모든 소중한 것에는 기다림이 필요하다고 말하고 있습니다.

『바다가 보고 싶었던 개구리』 | 기 빌루 글·그림 | 이상희 옮김 | 열린어린이

## 오늘도 생각합니다.
## '할까? 말까? 아니야
## 할까? 말까?'

그래도 겁 없이 처음 시작하는 일은 비교적 할 만합니다. 어떤 어려움을 거쳐야 할지 뻔히 알면서 다시 시작한다면 그보다 고약할 수 없습니다. 기 빌루의 『바다가 보고 싶었던 개구리』는 다시 한 번 시작하는 이야기를 담은 그림책입니다.

기 빌루는 젊은 시절 일러스트레이터로 성공하겠다고 마음먹고 미국으로 향했고, 뉴욕의 고층 건물들이 보여주는 수직성에 매료되었습니다. 그때부터 그는 수직의 건물이 줄지어 늘어선 도시 안에서 사람들이 겪는 의도하지 않은 이야기를 그리고 있습니다. 이 그림책 역시 거대한 세상에 비한다면 보잘것없이 작은 앨리스가 겪는 뜻하지 않은 이야기로도 읽을 수 있습니다.

여기 연못에 사는 개구리 한 마리가 있습니다. 이름은 앨리스입니다. 자기가 사는 연못에 대해서라면 모르는 것이 없습니다. 앨리스는 연못 밑바닥 구석구석도, 갈대밭 곳곳도 다 알고 있고 뒷다리로 스물여덟 번 발길질을 하면 연못 이쪽 끝에서 저쪽 끝까지 헤엄칠 수 있다는 것도 압니다. 연못은 앨리스에게 너무도 익숙한 고향이자 집이며 학교이고 직장입니다. 다른 말로 '우물 안 개구리'라

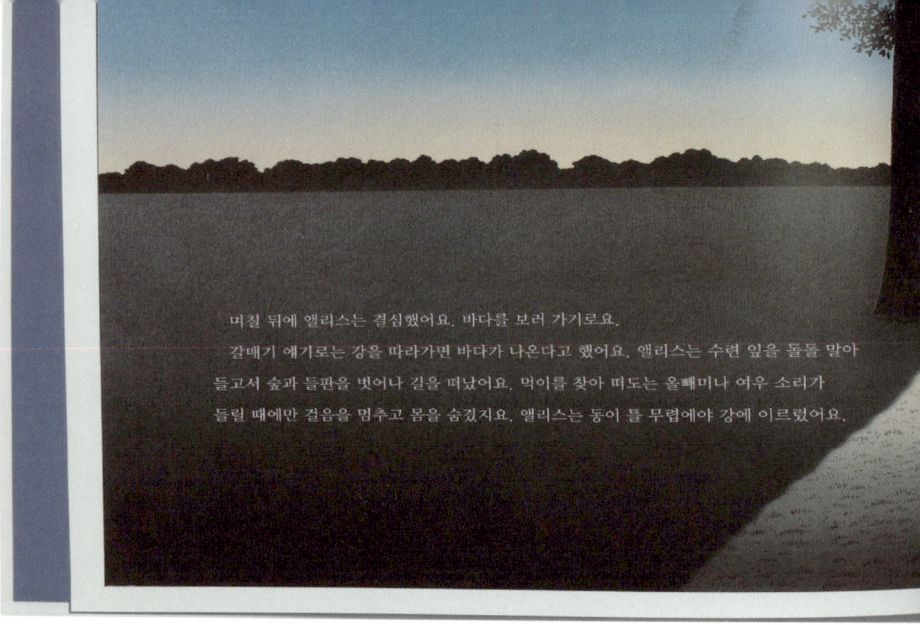

며칠 뒤에 앨리스는 결심했어요. 바다를 보러 가기로요. 갈매기 얘기로는 강을 따라가면 바다가 나온다고 했어요. 앨리스는 수련 잎을 돌돌 말아 들고서 숲과 들판을 벗어나 길을 떠났어요. 먹이를 찾아 떠도는 올빼미나 여우 소리가 들릴 때에만 걸음을 멈추고 몸을 숨겼지요. 앨리스는 동이 틀 무렵에야 강에 이르렀어요.

고도 하지요.

 연못에 만족했다면 별 볼일은 없지만 별일 없이 살았을 겁니다. 하지만 앨리스는 궁금한 것 투성이였고 하고 싶은 것도 되고 싶은 것도 많았습니다. 마치 우리들처럼 말입니다. 그래서 대체 연못의 갈대밭 너머 세상에는 무엇이 있느냐고 갈매기에게 묻습니다. 자랑을 하고 싶어 신이 난 갈매기는 이 연못보다 더 넓은 곳이 있다고 말해줍니다.

 이 말을 듣고 앨리스는 바다를 보러 가기로 결심합니다. 부모가, 애인이, 친구가 있다면 뜯어말렸을 겁니다. 개구리가 바다에 간다니요. 철이 없어도 유분수지요. 아무것도 모르는 앨리스는 수련 잎 한 장을 돌돌 말아 옆구리에 끼고 부지런히 길을 나서 동이 틀 무

렵 강가에 다다랐습니다. 기 빌루는 이 장면을 두 페이지 펼침으로 멋들어지게 그려냈습니다. 희미하게 날이 밝아오자 나무와 잎들과 강가로 빛이 퍼져나갑니다. 세상은 고요할 테지요. 오로지 앨리스만이 깨어 성큼성큼 앞으로 나아가고 있습니다. 멋모르는 패기와 도전, 설레임과 두려움이 뒤섞여 심장이 두방망이질 치는 소리가 여기까지 들리는 듯합니다.

앨리스는 드디어 바다에 도착하지만 바다가 어디라고 조그만 개구리 한 마리를 환영하겠습니까. 개골거리는 소리는 파도에 묻혀버리고, 연잎 배는 맥을 못 춥니다. 집채만 한 파도가 몰려오는 바다에서 앨리스는 간절하게 집을 그리워합니다. 다행히 마법을 지닌 달님 덕에 앨리스는 집으로 무사히 돌아옵니다.

**"이야기는 '돌아와
행복하게 살았습니다'로
끝나지 않습니다.
앨리스는 다시 바다를 생각합니다.
갈까, 말까, 갈까, 말까.
앨리스와 마찬가지로 우리는 고민합니다.
할까? 말까? 아니야 할까? 아니야 말까?"**

이 책의 묘미는 여기부터입니다. 이야기는 '무사히 돌아와 행복하게 살았습니다'로 끝나지 않습니다. 연못으로 돌아온 앨리스는 봄이 오자 다시 바다를 생각합니다. 갈까, 말까, 갈까, 말까.

앨리스와 마찬가지로 우리는 늘 고민하고 또 고민합니다. 할까? 말까? 아니야 할까? 아니야 말까? 세상을 향한 동경과 불안은 우리 모두의 주제이기도 합니다. 하지만 앨리스처럼 한 번 실패했던 일을 또 해보겠다고 도전할 때 삶은 변화합니다. 다시는 연못에서 앨리스를 볼 수 없게 된 비밀은 이것입니다.

### 다시 시작해야 하는 이들에게 이 책을 건네보는 건 어떨까요

재수를 하는 동생에게, 시험에 연이어 낙방하는 친구에게, 모든 실패를 경험했지만 다시 시작해야 하는 이들에게 선물하면 좋을 책입니다. 그때 책만 덜렁 주지 말고 편지를 함께 쓰면 좋겠습니다. 당신이 가장 참혹하게 실패했던 경험을 솔직하게 털어놓는다면 좋겠지요. 자기 자랑은 아끼고, 그저 솔직하게 상대의 아픔을 공감해준다면 좋겠습니다.

● 함께 읽어보세요 ●
『빗방울이 후두둑』
전미화 글·그림 | 사계절

바람이 불고, 비가 오고, 우산대는 부러지고 서두르다 그만 발을 헛디뎌 넘어지고만 이야기를 담은 그림책입니다. 창피하게도 이제는 우산도 없습니다. 이제 어떻게 할까요. 도전, 실패, 용기 등으로 읽을 수 있는 가슴 시원한 그림책입니다.

『작은 배추』 | 구도 나오코 글 | 호테하마 다카시 그림 | 이기웅 옮김 | 길벗어린이

# 겨울을 견딘 작은 배추는
# 더 이상 작은 배추가
# 아닙니다

따뜻한 봄 들판을 생각하면 노란 유채꽃밭을 떠올리는 경우가 많습니다. 그런데 멀리서 바라보면서 유채꽃밭으로 알고 감탄하는 곳 가운데 상당수가 갓꽃밭이거나 배추꽃밭이라는 사실을 아는 사람은 많지 않습니다. 유채꽃과 갓꽃과 배추꽃은 언뜻 보기에 구분이 어려울 만큼 비슷합니다. 이런 이야기를 나누다보면 배추에도 꽃이 있었느냐는 질문이 나옵니다. 배추의 생김새를 아는 사람은 많은데 정작 배추의 꽃을 본 사람은 드물다는 사실은 무엇을 말하는 걸까요.

그림책 『작은 배추』를 보면 그 까닭을 알 수 있습니다. 이 책은 배추에게, 아니 배추꽃에게 바치는 아름다운 헌사입니다. 불투명하고 어둑한 색감의 푸른 표지에는 작은 배추 한 포기가 몸을 바짝 세우고 서 있는 모습이 그려져 있습니다. 배추밭에는 오직 이 작은 배추 하나, 그밖에는 남은 배추가 하나도 없습니다. 지푸라기로 질끈 동여맨 모습에서 단단한 결기마저 느껴집니다. 책장을 열면 텅 빈 밭에 이렇게 홀로 남아야 했던 사연이 한 장면 한 장면 펼쳐집니다.

❝저 매서운 눈보라를 견디고 있을
작은 배추가 안쓰럽습니다.
다행스러운 것은 눈 쌓인 감나무 가지에
몇 송이 빨간 홍시가 매달려 있는 것입니다.
우리 사는 것도 그렇습니다.
나만 힘들게, 혼자 힘들게 버티는 것 같지만
둘러보면 어딘가에 뜻밖의 동지가 있습니다.❞

마을 언덕 위 감나무 옆에는 널따란 배추밭이 있습니다. 그런데 바람이 불어 밭이랑과 먼 엉뚱한 자리에서 배추 떡잎이 돋아납니다. 꼬마 배추는 든든한 감나무 그늘 아래에서 무럭무럭 자라났습니다. 밭이랑의 배추였다면 거름도 듬뿍 받고 주인의 손도 몇 번이든 더 닿았을 텐데 꼬마 배추는 그렇지 못했습니다. 열심히 운동을 해서 꼬마 배추는 드디어 '작은 배추'가 되었건만 마지막 가을걷이에서 트럭에 오르는 데 실패합니다. 채소 가게 트럭 아저씨는 작은 배추만 남겨두고 떠나버렸습니다.

작가는 트럭의 바퀴 자국이 길게 남은 자리에 쓸쓸하고 흐린 하늘색을 채워넣고 왼쪽 귀퉁이에는 트럭을 따라가고 싶어서 몸을 힘껏 기울인 작은 배추를 그렸습니다. 어린 시절 우리는 얼마나 많이 '너만 두고 간다'는 말 앞에서 좌절했던가요. "아직 작아서 안 돼", "더 크면 꼭 데려갈게"라는 당부를 듣고 밥도 더 열심히 먹고 일찍 일어나 기다렸지만 그들은 또다시 다음 번 언젠가를 약속하면서 떠나버리고 말았습니다. 작가는 그 아픈 기억을 작은 배추의 서러움을 통해서 불러냅니다.

작은 배추에게 채소 가게 아저씨가 남긴 말은 '너는 봄을 기다렸다가 나비랑 놀아라'는 것이었습니다. 아직 봄이 뭔지, 나비가 뭔지 알 길이 없는 작은 배추는 잔뜩 실망했지만 봄이 오고 해님이 곁에 바싹 다가오면 너도 다시 쑥쑥 클 거라는 감나무의 말에 마지막 기대를 걸어봅니다.

이 그림책의 백미는 펑펑 함박눈 내리는 깊은 겨울밤, 감나무 곁에 꼿꼿이 버티고 있는 작은 배추를 그린 장면입니다. 약한 자의 기다림은 언제나 음소거 버튼이 눌려 있습니다. 이 장면에도 글이 한 줄도 없습니다. 저 매서운 눈보라를 견디고 있을 작은 배추가 안쓰럽습니다. 다행스러운 것은 눈 쌓인 감나무 가지에 몇 송이 빨간 홍시가 매달려 있는 것입니다. 이 그림책에서 저 홍시는 까치밥이 아니라 작은 배추의 월동을 함께 하는 동반자입니다. 우리 사는 것도 그렇습니다. 나만 힘들게, 혼자 힘들게 버티는 것 같지만 둘러보면 어딘가에 뜻밖의 동지가 있습니다.

봄은 약속을 어기지 않았습니다. 채소 트럭은 다시 찾아오지 않았지만 그보다 더 아름다운 나비와 햇살을 데려왔습니다. 겨울을 잘 이겨낸 배추는 노랗고 화사한 꽃을 활짝 피웁니다. 가게로 실려 간 그 어떤 배추도 갖지 못했던 금빛 왕관을 쓰고 줄기를 죽 뻗어 올린 작은 배추는 이제 더 이상 작은 배추가 아닙니다.

이 그림책에는 긴 기다림을 견뎌야 하는 모든 사람에 대한 응원이 담겨 있습니다. '다음에는 네 차례가 올 거야'라는 말처럼 무릎에 힘이 빠지는 약속은 없습니다. 그러나 그 약속이 설령 지켜지지 않는다고 해도 겨울을 참고 기다린 사람에게는 다른 곳에서 좋은 소식이 올 겁니다. 자신만의 역사를 지키는, 배추꽃을 활짝 피우게 될 봄이 반드시 오겠지요. 이 그림책을 "이제 그만 포기할까 싶다"는 말을 되뇌며 자신과의 힘든 싸움을 하고 있는 친구에게 선물하려고 합니다. 그곳이 병원이든, 일터든 이듬해 봄 흐드러진 배추꽃 밭에서 아름다운 자신의 모습을 만나기를 기도하면서 말이지요.

## 겨울 한복판에 서 계신다면 이 책과 함께 봄날을 꿈꾸시길

자신의 꿈을 이루기 위해서 도전했지만 시험에 낙방한 사람에게, 하지만 다시금 좋은 소식을 기다리면서 또 한 차례의 수험생활을 시작하는 수험생에게 권하고 싶습니다. 작은 배추의 끈기는 우리가 더 이상 뭔가를 시도하고 싶지도 않을 때 그 순간만 이겨내면 괜찮아질 거라는 든든한 믿음을 줍니다. 겨울은 길지만 분명히 꽃이 활짝 피는 날이 올 겁니다. 작은 배추도 무려 여덟 송이나 되는 아름다운 배추꽃을 피웠으니까요.

● 함께 읽어보세요 ●

### 『까마귀 소년』
야시마 타로 글·그림 | 윤구병 옮김 | 비룡소

교실 안의 한 친구를 땅꼬마라고 따돌렸던 아이들의 눈으로 그 친구의 모습이 변화하는 과정과 자신들의 심정을 기록하고 있습니다. 땅꼬마는 체격이 참 작았고 선생님을 아주 무서워하는 외톨이였습니다. 아이들은 땅꼬마를 없는 아이처럼 대했습니다. 새로 오신 6학년 담임 선생님은 땅꼬마의 놀라운 관찰력을 격려하고 아이들과 눈을 마주칠 수 있도록 도와줍니다.
이 그림책의 절정은 졸업 학예회 장면인데요. 땅꼬마는 드디어 반 아이 모두에게 특기를 보여줍니다. 그것은 다름 아닌 까마귀 소리 흉내 내기였어요. 땅꼬마는 세상의 정말 여러 가지 까마귀 소리를 똑같이 흉내 낼 줄 알았습니다. 아이들은 지금껏 자신들이 땅꼬마의 마음을 조금도 들어주려 하지 않았다는 것을 깨닫고 모두 울었습니다.
우리는 모두 어디선가 '까마귀 소년'입니다. 오늘 어느 무리에서는 외롭지 않은 누구도 내일은 외로울 수 있습니다. 마찬가지로 어디에 가든 내 손을 잡아줄 사람이 있을 겁니다.

「구룬파 유치원」 | 니시우치 미나미 글 | 호리우치 세이치 그림 | 이영준 옮김 | 한림출판사

# 하는 일을 즐긴다면 그 삶에도 꽃이 핍니다, 아주 활짝!

구룬파는 정글에 사는 게으름뱅이 외톨이 코끼리입니다. 걸핏하면 외롭다며 눈물을 흘리고 풀밭에서 진흙투성이가 되도록 몸부림치는 탓에 모두들 눈살을 찌푸려요. 어느 날 코끼리들은 '구룬파 대책 회의'를 열고 분분한 논의 끝에 '일'을 하게 내보내자고 결정합니다. 그렇게 구룬파는 무리의 도움을 받아 깔끔하게 단장한 채 바깥세상을 향해 떠납니다.

　구룬파 이야기는 조금도 새롭지 않습니다. 구룬파라는 코끼리 캐릭터가 마음을 끌지만, 가만히 들여다보면 전형적인 옛이야기 구조를 띠고 있어요. 구룬파는 부모 잃고 혼자 사는 아이, 늦도록 장가 못 간 총각, 집에서 쫓겨난 막내 같은 옛이야기 속 주인공 그대로입니다. 구룬파가 마음을 다잡고 일할 곳을 찾지만, 옛이야기 속 주인공이 겪는 고난 그대로, 비스킷 가게에서도 접시 가게에서도 구두 가게에서도 쫓겨납니다. 피아노 공장에서도 자동차 공장에서도 쫓겨나지요. 몸집이 커다란 구룬파는 코끼리의 기준에 맞는 크기대로 공장의 물건을 만들지만 다른 이들이 쓰기에는 너무 커서 쓸모가 없었기 때문이에요. 그러니까 구룬파가 적당한 크기에 대한 감각이 없어서라기보다는, 이미 정해놓은 규격으로 만드는 것이 구룬파에게는 맞지 않았던 거지요. 이런 까닭을 설명해주는 이도 없어요. 그냥 일을 그만두라는 말만 하지요.

구룬파는 또다시 눈물을 흘릴 참입니다. 옛이야기 속 주인공이 최대치 절망을 경험했을 때처럼 이제 구룬파도 안내자 또는 선지자를 만나게 될까요?

맞아요. 하지만 구룬파가 만난 선지자는 아이 열둘을 입히고 먹이며 돌보느라 쩔쩔매는 엄마였습니다. 열두 아이의 엄마는 만나자마자 대뜸 부탁을 해요. 아이들과 놀아달라고요. 그게 바로 구룬파에게 살 길을 알려준 셈입니다. 이제 구룬파는 절망을 향해 털털거리며 달리던 자동차를 멈춥니다. 자기가 만든 피아노를 연주하며 노래하자 열두 아이들이 즐거워하고, 우렁찬 연주와 노래를 듣고 어디선가 다른 아이들도 몰려듭니다. 꼭 구룬파 자기 같은 외톨이 아이들도요. 커다란 피아노로 신나게 노래하고 놀며, 아무도 사

가지 않는 커다란 비스킷을 넉넉하게 나눠먹어요.

그제야 구룬파는 자기가 하고 싶은 일을, 해야 할 일을 깨닫지요. 자기 힘과 능력 그대로를 써서 아이들과 함께 노는 집, 구룬파 유치원을 만들게 됩니다. 이제 아이들은 구룬파가 만든 커다란 구두에서 숨바꼭질을 하고, 커다란 접시 수영장에서 헤엄치고 놀아요. 먹어도 먹어도 없어지지 않는 커다란 비스킷을 먹으면서요.

구룬파는 이른바 놀이와 노동이 일치되는 낙원을 건설했습니다. 니시우치 미나미가 만든 이야기의 구룬파와 그래픽디자이너 출신 화가 호리우치 세이치가 그려낸 구룬파는 조금도 어긋남 없는 일체감을 줍니다. 단순하면서도 비례와 디테일을 적절히 구사한 그림 또한 모자라지도 넘치지도 않게 적절해요. 아이들과 함께 지내는 일이 구룬파에게 딱 맞았던 것처럼 말이지요. 주인공 코끼리 구룬파가 썼다는 삐뚜름한 속표지의 글씨 '구룬파 유치원' 또한 화가의 전직이 제공한 위트! 놓치지 않길 바랍니다.

사실 이 그림책에 대해 각별한 경험이 있습니다. 처음 읽었을 때엔 온통 구룬파의 고군분투에 닿았던 눈길이, 몇 번째인가 다시 읽었을 때엔 전혀 다른 장면에 꽂혔거든요. 코끼리들이 외톨이 울보 구룬파에 대한 해결책으로 '일'을 제안한 장면에서 감탄사를 터뜨렸어요.

모름지기 일을 할 때, 일다운 일을 할 때, 그 일이 즐거울 때, 삶이 꽃피는 법! 인간은 놀이를 즐길 때에만 온전한 인간이라고 합니다. 노동이 아닌 놀이에서만 삶의 기술을 다듬고 이끌어낼 수 있다고 주장한 프리드리히 실러의 얘기지요. 그렇다면 일이 놀이가 되고, 놀이가 일이 될 수 있다면 얼마나 좋을까요. 엄청난 부와 명예를 가져다주지는 못할지라도 그렇게 평생 할 일이 있다면 생각만으로도 기분이 좋아집니다.

100세 시대라고들 하지요. 우리는 이전 세대보다 오래 일을 해야 할지도 모릅니다. 그러자면 우리는 무엇보다 '평생토록 할 일'을 찾고, 준비하는 것이 중요할 수도 있겠습니다. 이왕이면 '평생 즐거운 일'이면 더 좋겠지요. 구룬파의 행복한 모습을 담고 있는 이 그림책의 결말을 보고 있으면 저절로 마음이 유쾌해집니다.

**마음속에 품은 사직서를 만지작거리고 계신다면**

"선배, 나 그만두려고요. 회사에서는…" 커피 잔부터 부딪치며 말을 자릅니다. "잘했어!" 10년 넘게 차이 나는 후배라고 하지만 그도 이제 마흔 중반. 그룹 계열사로 한 번 옮겨 앉았을 뿐 거의 20년 넘게 한 자리를 지키며 애면글면 일하는 걸 지켜봤지요. 사표를 쉽게 받아주진 않겠지만 과감하게 책상을 정리하는 중이랍니다. 스스로도 '심사숙고'가 지나쳐 '장고악수'長考惡手를 반복한다며 괴로워하는 처지이니, 그 준열한 결정에 조언이 더 필요할 리 없지요. '잘했다'고 거듭 추임새 넣어가며, 마음 고생하는 얘기며 새로운 계획을 듣는 와중에 머릿속으로는 분주히 그림책 서가를 뒤져서 이 그림책을 찾아냈습니다. 선물한 책을 읽은 후배로부터 멋진 격려에 감사하다는 인사를 받은 것은 물론입니다.

● 함께 읽어보세요
『윌리엄 모리스 평전』
박홍규 글 | 개마고원

백 년 전 영국 빅토리아 시대에 윌리엄 모리스라는 사람이 있었습니다. '노동의 즐거움'을 통해 삶을 예술처럼, 예술을 삶처럼 추구하며 실험했던 선각자였지요. 노동의 즐거움, 창조의 즐거움, 삶의 즐거움으로 가득한 사회, 아름다운 예술과 그것이 가능한 아름다운 사회……. 이런 유토피아를 꿈꾸었던 이 이상주의자의 예언과 꿈은 지금도 거듭 인용되고 회자되면서 삶의 지침이 되고 있습니다.

「사자 사냥꾼 클로이의 끝없는 이야기」 | 맥 바네트 글 | 애덤 렉스 그림 | 고정아 옮김 | 다산기획

## 말 안 통하는 동료에게 푸념 대신 책 한 권을!

맥 바네트는 '똑똑하고 사랑스러운 작가로 독창적인 그림책을 여러 권 썼다'는 허풍 섞인 자기소개를 스스럼없이 하는 글 작가입니다. 그림 작가인 애덤 렉스는 뉴욕타임즈 베스트셀러 작가라는데 정말인지는 모르겠습니다. 분명한 건 두 사람이 여러 권의 그림책을 같이 작업한 사이라는 정도입니다. 한데 『사자 사냥꾼 클로이의 끝없는 이야기』를 읽고 나면 둘이 함께 작업을 할 때마다 사달이 날 것만 같습니다. 티격티격 싸우고 이를 갈면서 일할 것만 같습니다.

"직장생활에서 중요한 게 뭐라고 생각해?"

이런 말을 들을 때마다 망설여집니다. '돈, 사람, 일' 중에 최소한 두 가지는 마음에 들어야 한다는 말은 오래전 선배에게 들었습니다. 한데 두 가지를 꼽기도 쉽지 않습니다. 특히 맥처럼 파트너십을 인정하지 않고, 자기만 잘났다고 우겨대는 동료나 상사를 만났다면 말입니다.

『사자 사냥꾼 클로이의 끝없는 이야기』는 클로이라는 소녀의 모험담입니다. 회전목마 타기를 좋아하는 소녀가 엉뚱한 일에 휘말리게 되고 결국 용기와 지혜로 사자에게 잡아먹힌 어른을 구한다는 이야기지요. 한데 또 이렇게 요약될 수 없는 그림책입니다. 글 작가인 맥과 그림 작가인 애덤이 책 뒤에 숨지 않고 그림책에 떡, 하니 등장하여 처음부터 싸워대니까요.

발단은 회전목마를 너무 많이 타서 어지러워진 클로이가 숲에서 길을 잃고 용과 맞닥뜨리는 장면입니다. 갑자기 맥이 그림책에 얼굴을 들이밉니다. 그러고는 애덤을 부릅니다. 맥이 쓴 글에는 '클로이가 사자를 만난다'라고 되어 있는데 애덤이 용을 그렸기 때문입

" 사람들과 소통하는 법을 배우는 것이
사회생활인 듯합니다.
그러니 사람들과의 실랑이로 녹초가 되었다면
까짓 거 이 그림책을 보며 웃어나봅시다.
그래야 내일 또 힘을 내서 일하지 않겠습니까."

니다. 애덤은 용이 훨씬 멋있어서 그랬다고 합니다. 화가 난 맥은 그림 작가인 애덤에게 시키는 대로 그리기만 하라고 쏘아붙입니다.

아, 이거 어디선가 많이 듣던 소리 아닙니까. 어제는 직장 상사에게, 오늘은 클라이언트에게 들었던 것과 똑같은 '재수 없는' 소리입니다.

"시키는 대로 하기나 해!"

잘해보자고 했더니 무시를 하는군요. 이 순간 애덤의 기분은 어땠을까요. 다음 페이지를 넘기는 순간 '빵!' 터지지 않을 수 없습니다.

애덤이 맥을 분홍리본이 묶인 선물로 그려놓았습니다. 우리는 얼마나 여러 번 상사를, 고객을 쓰레기통에 처박는 상상을 했던가요. 그 상상을 그림이 그대로 보여줍니다. 이렇게 애덤과 맥의 기싸움이 시작되고, 급기야 맥은 사자에게 애덤을 잡아먹으라고 시킵니다. 못됐습니다. 이야기를 끌고나가기는커녕 글 작가와 그림 작가가 서로 싸우기만 합니다. 대체 이 싸움은 어떻게 끝이 날까요?

『사자 사냥꾼 클로이의 끝없는 이야기』는 작가들이 앞으로 나와 이야기를 끌어가는 독특한 형식을 지녔습니다. 입체 배경을 만들어 인형을 세워두고 촬영했고, 마치 연극무대처럼 배경 공간을 설정한 점도 특이합니다, 『빨간 모자』나 『돈키호테』 등 고전에 대한 패러디도 숨겨두었습니다. 알고 보면 더 재미있는 책입니다. 비슷한 경험을 하며 분통터졌던 적이 있다면 더욱 더 재미있을 테고요.

글 쓰기나 그림 그리기는 혼자 하는 일에 가까운 데도 이 책을 보면 결코 혼자서 하는 일은 아닙니다. 작가와 일러스트레이터 그리고 편집자 나아가 이 책을 사서 볼 독자까지 커다란 관계 속에서 이루어지는 일입니다.

이처럼 세상에 혼자 하는 일이란 없습니다. 상대와 소통하고 협조해야 합니다. 내 뜻대로 할 수 있는 일은 그다지 많지 않습니다. 어떤 일이 최악으로 망가지는 대신 최선의 결과를 내려면 사람들과 소통하는 법을 알아야 하고 그 일을 배우는 것이 사회생활인 듯합니다. 그러니 직장에서 사람들과 실랑이를 벌이느라 녹초가 되었더라도 까짓 거 이 그림책을 보며 웃어나봅시다. 그래야 내일 또 힘을 내서 상대와 싸워가며 일을 하지 않겠습니까.

### 서먹해진 동료에게 건네보세요, 대신 사람 봐가면서!

비슷한 일로 당신과 언쟁 중인 직장동료에게 이 책을 선물해보세요. 어쩌면 그 사람 역시 소통이 어려워 당신을 심술쟁이 글 작가 맥이라고 생각할 수도 있지 않겠어요. 아, 물론 유머를 즐길 만한 사람이어야 합니다. 그래야 이 그림책을 읽고 상대방의 입장을 생각해볼 수 있을 테니까요.

● 함께 읽어보세요

『엄마 말 안 들으면… 흰긴수염고래 데려온다!』
맥 바네트 글 | 애덤 렉스 그림 | 장미란 옮김 | 다산기획

두 콤비 작가가 마음에 들었다면 다른 책도 읽어보세요. 마니아가 되는 길은 이렇게 시작됩니다. 우리 엄마들이 아이에게 말 안 들으면 망태할아버지가 잡아간다고 말했듯, 빌리의 엄마는 흰긴수염고래를 데려온다고 협박합니다. 결국 엄마 말 안 듣다가 흰긴수염고래를 돌보게 된 빌리의 좌충우돌을 담은 그림책입니다. 피노키오의 모티브를 이용한 결말도 도전적입니다.

『줄넘기 요정』| 엘리너 파전 글 | 샬럿 보크 그림 | 김서정 옮김 | 문학과지성사

## 매일매일 즐겁게 살다보면
## 혹시 알아요?
## 요정이 도와줄지

오랫동안 가슴에 담아두었던 어떤 결심을 실천에 옮길 때면 우리는 얼마나 꾸준히 지킬 수 있을까 스스로 의심하곤 합니다. 나 자신만 설득하면 충분한 작은 다짐인데도 거창한 이유를 붙이기도 합니다. 무언가를 흔들리지 않고 계속 해나가는 일은 그만큼 어렵기 때문입니다. 가장 많은 사람이 자주 다짐하는 것은 아마도 '운동 결심'일 텐데요. 첫 사흘을 잘 해내기도 쉽지 않습니다. 결심한 일을 잘 해내려면 중간 중간마다 체크할 수 있는 작은 목표를 세우고 응원단을 모집하세요. 결심을 널리 알려, 보는 눈을 여럿 만드는 것은 두루 유용합니다.

자신과의 약속을 실천하려 애쓰는 당신을 어떤 그림책으로 응원할 수 있을까요. 부드럽고 연한 민트색 그림책 한 권을 꺼내왔습니다. 어려서부터 줄넘기를 즐겼던 한 여자아이의 일생을 그린 『줄넘기 요정』입니다. 이 그림책의 작가는 우리가 어떤 일을 한 가지 정해서 꾸준히 열심히 한다는 것만으로 자신과 세상에 얼마나 큰 변화를 가져올 수 있는지를 보여줍니다.

이 그림책의 표지는 넓게 펼쳐서 보아야 합니다. 줄넘기를 넘기면서 달려오는 수십 개의 작은 발자국과 앞장서서 두 눈을 감고 줄을 넘는 주인공의 웃음이 화사하고 평화롭습니다.

　책을 펼치면 단발머리 키 작은 여자아이가 숲길에서 혼자 줄넘기를 하고 있습니다. 주인공인 엘시 피더크입니다.

　엘시가 사는 글라인드 마을에는 아이들이 많았는데 형편이 어려워 케이크도 먹어보지 못했습니다. 아이들에게 유일한 즐거움은 '줄넘기'였습니다. 엘시도 '차락, 차락! 토드닥 토닥!' 울려퍼지는 줄넘기 소리와 뜻 모를 줄넘기 노래를 들으면서 자랐습니다.

　줄넘기 노래는 맛보지 못한 달콤함에 대한 꿈의 주문이면서 앙상한 현실에 대한 아이들의 투덜거림이기도 했습니다. 엘시는 이 노래에 맞춰 아주 어려서부터 하루도 빠짐없이 줄넘기를 했습니다. 이 가난한 산동네에서도 줄넘기를 갖는 일만큼은 얼마든지 허락되었고 그것만큼 즐거운 일은 없었기 때문입니다.

　여섯 살이 되었을 때 엘시 피더크의 줄넘기는 여신의 경지에 올랐습니다. 소식을 들은 산속에 사는 줄넘기 요정들이 엘시를 자신들의

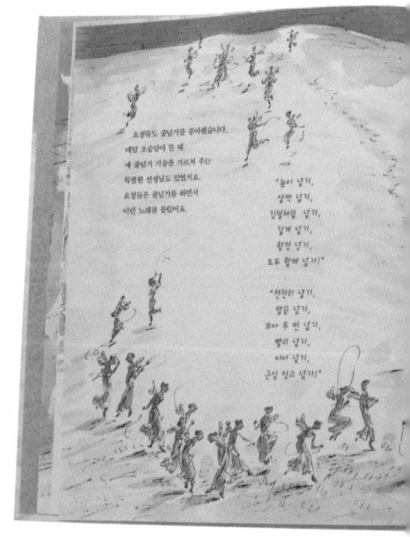

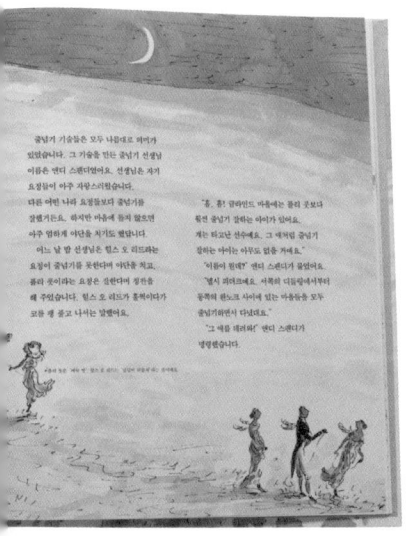

모임에 초청합니다. 엘시의 줄넘기 실력은 그곳에서 근심 잊고 넘기, 깃털처럼 넘기 등의 비결을 전수받으면서 일취월장합니다. 엘시는 줄넘기 요정 앤디 스팬디의 수제자가 되고 슈가 캔디와 아몬드 사탕 손잡이가 달린 줄넘기를 선물로 받습니다. 글라인드 마을로 돌아온 엘시는 이 마을의 모든 사람들에게 줄넘기를 가르칩니다.

하지만 세월이 흐르자 줄넘기의 달인 엘시를 기억하는 사람은 점점 사라졌습니다. 늙은 엘시도 줄넘기를 꺼내지 않은 지 오래입니다.

그 무렵 새로 온 영주는 마을 사람들이 사랑하는 산을 허물고 큰 공장을 세우겠다고 합니다. 사람들의 반대는 들은 척도 않고 산 둘레에 철조망을 친 다음 길을 막아버립니다. 동네 사람들은 근심이 가득해서 날마다 웁니다.

호호 할머니가 된 엘시는 우연히 이 울음소리를 듣고 서랍에 넣어두었던 낡은 줄넘기를 꺼냅니다. 동네 사람들은 영주에게 '릴레이 줄넘기'가 멈출 때까지는 공장을 짓지 않는다는 협상을 제안합니다. 영주는 코웃음을 치며 제안을 받아들이고 엘시에게 줄넘기를 배운 사람들의 릴레이가 이어지는 가운데 마지막 주자로 전설의 줄넘기 여신 엘시 피더크가 줄을 들고 나섭니다. 엘시는 과연 끝까지 줄에 걸리지 않을 수 있었을까요.

이 이야기를 쓴 엘리너 파전은 1881년생으로 한스 크리스티안 안데르센 상의 첫 번째 수상자입니다. 『보리와 임금님』이라

> 작은 약속도 꾸준히 지키면 전설이 됩니다.
> 즐거워서 하는 일은 오래 할 수 있습니다.
> 누가 알겠어요.
> 탁월한 요정 선생님이라도 나타나서 나의 장한 결심을 도와주겠다고 나서게 될지.

는 추억의 명작 동화로 어린 시절 그를 처음 만났던 성인 독자들도 있을 것입니다. 『줄넘기 요정』은 그의 단편집 『사과밭의 마틴 피핀』에 실렸던 글입니다. 초기 원고에는 '우리 길에서 줄넘기를 하던 서섹스의 아이들에게 이 작품을 바친다'는 작가의 헌사가 붙어 있었다고 합니다. '우리 길에서 줄넘기를 하던 아이들'이라는 표현은 작가가 작품 속 모든 장면을 얼마나 사랑스러운 눈길로 바라보고 있는지 짐작할 수 있는 단서입니다. 그림을 그린 샬럿 보크는 엘리너 파전의 주인공에 대한 은은한 애정을 조금이라도 거스르지 않도록 가는 펜 선과 투명한 수채 물감만으로 모든 장면을 그려냈습니다.

작은 약속도 평생을 꾸준히 지키면 전설이 됩니다. 즐거워서 하는 일은 오래 할 수 있습니다. 이 두 가지 원칙은 어떤 작은 결심을 실천하기 시작하는 우리들을 응원해줄 것입니다. 누가 알겠어요. 탁월한 요정 선생님이라도 나타나서 나의 장한 결심을 도와주겠다고 나서게 될지 말입니다. 요정에게 전수받은 마법의 줄넘기로 마

을의 산을 살린 엘시 피더크처럼 말이죠.

**다함께 으랏차차, 힘을 모아야 한다면 이 책이 좋습니다!**

이 그림책은 작은 힘이 모여서 큰 변화를 만드는 일에 관한 멋진 사례집이기도 합니다. 우리나라에서도 개인의 기본권을 침해하는 한 법안의 통과를 막기 위해서 국회의원들이 릴레이 연설, 필리버스터를 벌인 적이 있습니다. 그때 필리버스터 생방송 현장에서 한 국회의원이 국민들을 향해 읽어준 그림책이 바로 『줄넘기 요정』입니다.

여럿이 힘을 모아서 뭔가를 바꿔내야 하는 경우가 있다면 다함께 의기투합할 수 있도록 이 그림책을 읽어보세요. 견고하게 서로의 손을 잡을 수 있도록 도와줄 것입니다.

● 함께 읽어보세요 ●

**『꿈꾸는 소녀 테주』**
테주 베한 글·그림 | 이상희 옮김 | 비룡소

실크스크린 방식으로 제작된, 귀한 수작업 그림책으로 인도의 화가인 테주 베한이 자신의 삶을 담은 이야기입니다. 테주 베한은 카스트 제도로 삶이 가로막힌 인도에서 태어난 한 여자아이가 꾸준한 노력 끝에 당당히 민속 화가로 성장하게 된 사연을 한 권의 그림책에 고스란히 옮겼습니다. 테주는 그림을 그리면서 자신이 종이 위에서 자유를 느낀다는 것을 깨닫게 됩니다. 직접 그린 수만 개의 점과 반복적인 선으로 가득한 그림에서 꾸준한 노력으로 현실을 무너뜨린 한 여성의 굳은 의지를 느낄 수 있습니다.

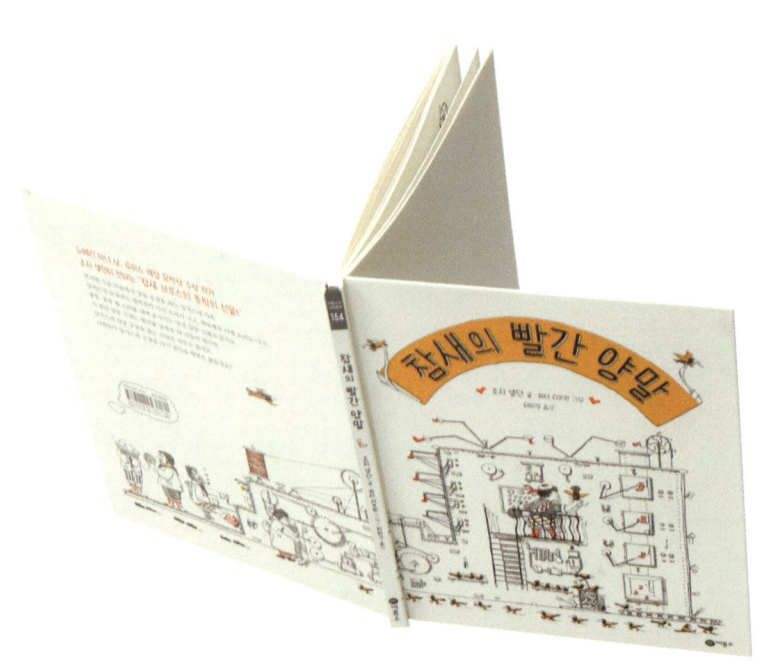

『참새의 빨간 양말』| 조지 셀던 글 | 피터 리프먼 그림 | 허미경 옮김 | 비룡소

# 우리도 참새처럼
# 앙거스네를
# 응원해보면 어때요?

요즘은 무엇이든 조금만 잘 팔린다 싶으면 큰 회사들이 그 시장에 뛰어듭니다. 그러고는 유통망을 장악한 거대기업은 회원 카드와 화려한 홍보로 진공청소기처럼 소비자를 빨아들입니다. 바느질 마감이 꼼꼼한 동네 이불 가게는 홈쇼핑 상품에 밀려나고, 고유의 맛을 지닌 동네 식당들은 임대료 인상과 프랜차이즈 가맹점의 위세에 문을 닫습니다. 빵집이, 커피집이, 책방이 그랬고 이제는 문구점까지 그렇습니다. 이런 격랑 속에서 장인의 자존심을 지키기란 쉬운 일이 아닙니다.

중세부터 이어져온 한자동맹의 도시 독일 브레멘은 대형 유통업체의 공격 속에서도 작은 가게들이 탄탄하게 살아남아 있는 곳으로 잘 알려져 있는데 이곳은 도심에 승용차가 전혀 들어가지 못합니다. 오직 전차만 드나드는 벽돌길과 자전거가 다니는 순환도로가 보존된 옛 도시를 둘러싸고 있습니다. 사람들은 날마다 많이 걷고, 또 걷기 때문에 골목 안쪽까지 드나들며 조그만 가게의 단골이 됩니다.

그에 비하면 우리의 뒷골목 가게는 대형 주차장을 완비한 유통

업체와 중소기업의 아이템을 가로채는 대기업으로부터 협공을 당하고 있습니다.

『참새의 빨간 양말』은 동네에 커다란 백화점이 들어서면서 어려움을 겪게 된 앙거스 가족의 이야기입니다. 앙거스네 식구들은 힘을 모아 작은 양말 공장을 운영하고 있습니다. 이 마을은 참새가 유난히 많은 편인데 주인공 앙거스는 동네를 날아다니는 참새 가운데 한 마리와 친해져서 브루스라는 이름을 붙여주고 둘도 없는 친구가 됩니다. 앙거스 가족이 살고 있는 마을은 겨울이 혹독해서 짜임이 좋고 따뜻한 앙거스네 공장의 털양말이 제법 잘 팔렸습니다.

그런데 중심가에 백화점이 생긴 뒤부터 앙거스네 양말을 찾는 사람이 부쩍 줄어듭니다. 백화점은 거래망을 이용해 닥치는 대로 양말을 사들여 팔기 때문에 앙거스네보다 더 싼 값에 양말을 판매할 수 있었습니다. 앙거스네 식구들은 이 시련을 어떻게 이겨낼 수 있었을까요?

그들은 아침마다 열정적으로 양말 회의를 했습니다. 정성을 기울여 더 좋은 빨간 양말을 신제품으로 내놓았습니다. 하지만 백화점을 이길 수는 없었습니다. 신제품이 나왔다는 걸 알릴 기회조차 주어지지 않았으니까요. 가족들이 실의에 빠져 있을 때 앙거스에게 참새 브루스가 찾아옵니다. 브루스는 밤새 많이 추웠는지 두 발이 꽁꽁 얼어 있었습니다. 앙거스는 작은 새 브루스를 위해서 양말을 만들어주기로 결심합니다.

양말을 얻어 신은 참새 브루스는 친구들한테 자랑을 합니다. 참

“우리 주위에는 수많은 앙거스네가 있습니다.
우리 사회가 많은 이들이 함께 살아가는
공동체임을 알게 되면 그분들이 우리의 소중한
자산이라는 것도 알 수 있습니다.
수많은 앙거스네들의 분투를 진심으로 응원합니다.”

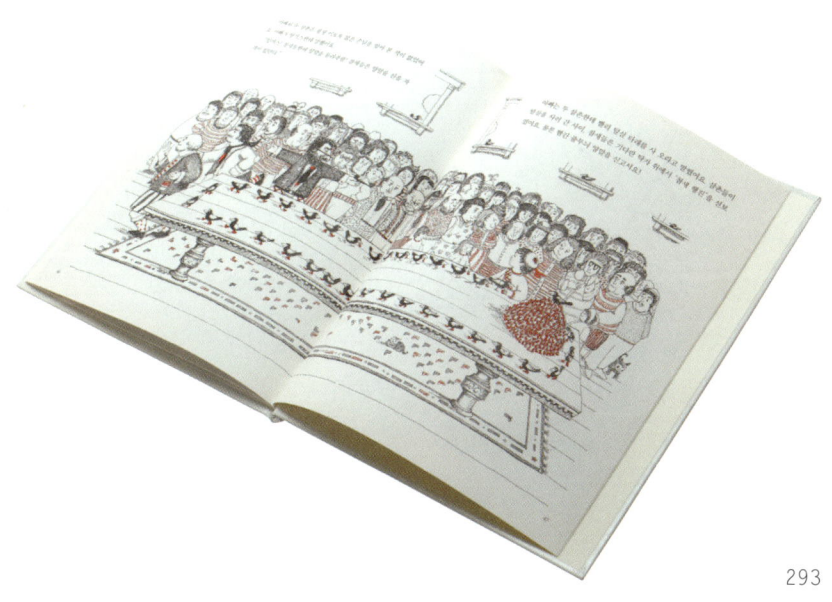

새 친구들이 너도나도 앙거스를 찾아왔고 마음씨 고운 앙거스는 그들에게도 양말을 만들어줍니다. 예쁜 빨간 양말을 신은 참새들이 동네 여기저기를 날아다니자 사람들은 백화점에 달려가서 물어봅니다. '참새들이 신은 것 같은 빨간 줄무늬 양말!'을 달라고 외치는 손님들에게 백화점 주인은 참새들에게 양말을 판 적이 없노라고 대답합니다.

앙거스의 다정한 마음씀씀이는 참새들의 양말춤 비행과 함께 온 도시에 알려지면서 양말 유행을 바꿔놓고 맙니다. 빨간 양말을 신은 참새떼를 따라서 앙거스네 가게를 다시 찾아온 손님들은 그 동안 잊었던 앙거스네 양말을 다시 사랑하게 됩니다. 앙거스네 가족은 기운을 내서 더 열심히 기계를 돌립니다.

이 그림책의 결말은 흥부전 같은 구석이 있습니다. 참새는 다리를 다친 제비 같고 앙거스는 흥부처럼 더없이 부지런하고 착합니다. 하지만 흥부전보다 더 재미있는 대목은 참새들이 앙거스네 공장의 부활을 돕기 위해서 진심으로 호객을 하고 손님들 앞에서 양말 춤을 추는 장면입니다. 참새들의 춤은 무척 능동적이고 조직적입니다.

우리 주위에는 수많은 앙거스네가 있습니다. 우리 사회가 많은 이들이 함께 살아가는 공동체임을 알게 되면 그분들의 익숙한 솜씨, 오랜 경력을 바탕으로 한 감각과 창의성은 이 공동체에 활력을 불어넣는 소중한 자산이라는 것도 알 수 있습니다. 참새들의 양말 춤은 현명한 연대 행위가 무엇인지 보여줍니다.

우리 사회의 모세 혈관과 같은 작은 가게를 살리고 싶은 소비자라면 이 책을 읽고 내가 도울 수 있는 일을 생각해보게 될 것입니다. 필요한 양만큼 조금씩 나누어 시장의 작은 가게에서 장을 보는 것으로 쇼핑 습관을 바꾸는 것은 어떨까요. 빨간 양말을 신은 참새처럼 구석구석 돌아다니며 신기한 작은 가게를 찾고 알리는 일도 재미있을 것입니다. 수많은 앙거스네들의 분투를 진심으로 응원합니다.

### 작은 가게 사장님들을 응원합니다

작은 가게를 지켜주고 싶은 소비자에게도 좋은 그림책이지만 작은 가게를 운영하면서 어려움에 부딪힌 가게 주인에게도 격려와 응원이 되는 그림책입니다. 손님들이 우리 가게의 장점을 더 빨리 잘 알아차려주기를 바라면서 오늘도 아이디어를 찾고 있는 작은 점포의 소사장님이 많이 있습니다. 이 그림책이 그분들께 빨간 양말 같은 톡톡 튀는 활력과 아이디어를 드릴 수 있으면 좋겠습니다.

● 함께 읽어보세요 ●

『나의 를리외르 아저씨』
이세 히데코 글·그림 | 김정화 옮김 | 청어람미디어

이 책의 배경은 프랑스 파리입니다. 소피는 귀한 식물도감이 망가져 그 책을 수선하려다가 헌 책을 되살리는 예술제본가, '를리외르'라는 특별한 직업을 알게 됩니다. '다시 묶는다'는 뜻의 '를리외르'는 고도의 수작업이 필요한 장인의 일입니다. 를리외르 아저씨의 작은 가게를 찾아간 소피는 이곳에서 책을 다시 복원했을 뿐 아니라 노동을 대하는 진지한 태도를 배웁니다.
앙거스네 양말 공장의 식구들처럼 하나의 일에 평생을 바쳐온 다정한 를리외르 아저씨는 일에서만큼은 엄정한 전문가의 면모를 지니고 있습니다. 60가지도 넘는 힘겨운 공정을 하나하니 익혀야 할 수 있는 를리외르의 작업 과정을 보면서 잔잔한 감동을 느낄 수 있습니다.

「눈 오는 날」 | 에즈라 잭 키츠 글·그림 | 김소희 옮김 | 비룡소

# 손을 내미는 것에서
# 성장은 시작됩니다

미국의 그림책 작가 에즈라 잭 키츠의 『눈 오는 날』은 겨울이 되면 꺼내보는 책입니다. 에즈라 잭 키츠는 예순일곱 나이로 세상을 떠날 때까지 자기 안의 어린이를 불러내 따뜻하게 안아줬던 작가입니다. 내리는 눈을 보면 자동적으로 이 그림책이 떠오릅니다.

> **"친구에게 손을 내밀고 함께 세상 속으로 들어가는 이 장면이야말로 긴 성장담의 시작인 셈입니다. 타인에게 손을 내미는 것, 그게 성장의 시작입니다."**

아침에 일어나보니 온 세상이 눈으로 덮인 날, 피터는 문을 열고 나갑니다. 막대기로 눈 위에 선을 길게 그어보고, 여러 모양의 발자국을 만들고, 나무 위에 쌓인 눈을 텁니다. 눈사람을 만들고, 눈 미끄럼도 타고, 눈 위에 누워 팔과 다리를 움직여 눈천사도 만듭니다. 그리고 내일 또 갖고 놀기 위해 두 손 가득 눈을 뭉쳐 주머니에 넣고 집으로 돌아옵니다.

뉴욕 브룩클린 빈민가, 폴란드계 유태인 집안에서 태어난 키츠는 이 그림책에서 미국 그림책 역사상 처음으로 흑인아이를 주인공으로 삼았습니다. 『라이프』 잡지에서 본 흑인 어린이 사진에서 가난했던 자신의 어린 시절을 떠올렸기 때문이라고 합니다.

> **"어른이 되어도
> 누군가에게 손을 내미는 건
> 여전히 어려운 일입니다.
> 이 책이 생각나는 건 눈 내리는 날만은
> 아니었던 듯도 합니다."**

 그는 그림책에 어린 시절, 이웃에서 함께 살았던 흑인, 라틴계, 아시아계 어린이 등 주변부 아이들을 등장시켜 그들이 친구를 만나고, 성장해나가는 모습을 담아냈습니다. 그 아이들에게 주는 위로이자, 그들과 함께 살았던 어린 자신에 대한 위안이었을 것입니다. 아마 그림책 작업을 통해 키츠도 상처 많았던 자신의 어린 시절을 보듬어 안으며 진짜 어른으로 성장하지 않았을까 그런 생각도 해봅니다.

 『눈 오는 날』에는 이 같은 작가의 따뜻한 세계가 고스란히 담겨 있습니다. 주인공 피터는 친구에게 선뜻 다가가지 못하고 혼자 눈을 갖고 놉니다. 눈발자국도 만들고, 눈 가득 쌓인 나무도 털고, 언덕에서 눈 미끄럼도 탑니다. 책이 그렇게 끝났다면 어느 눈 오는 날

하루 한 아이의 즐거운 눈 놀이가 됐을지 모릅니다.

하지만 작가가 정작 이야기하고 싶은 것은 그림책의 마지막 페이지에 나옵니다. 피터가 신나게 놀았던 눈이 내린 그 다음날 아침. 피터는 옆집 친구에게 갑니다. 그리고 그 친구와 손을 잡고 수북이 쌓인 눈 세상 속으로 걸어갑니다. 그 앞 모든 장면들이 즐거운 놀이가 아니라 아주 외롭고 쓸쓸한 놀이였다는 것을 뒤늦게 알게 됩니다.

이는 에즈라 잭 키츠의 책에 상당히 반복적으로 나오는, 하지만 언제나 감동을 안기는 서사 얼개입니다. 외로운 아이, 홀로된 아이, 전학 온 아이, 아픈 아이들이 친구를 만나고 혼자가 아니라 친구와 함께 있게 되는 것. 키츠는 이것을 때로는 외로운 아이를, 때로는 외로운 아이에게 다가가는 친구를 주인공으로 풀어냅니다.

『눈 오는 날』을 보고 많은 독자들이 주인공을 따라 눈밭 위에 털썩 누워 팔과 다리를 휘휘 저으며 눈 천사를 만들기도 했겠지만, 그림책은 눈이 내리는 날 외로운 한 흑인아이가 친구를 만들게 되는 것이야말로 진짜 즐거운 일이라고 이야기하고 있습니다. 그래서인지 피터가 친구와 손을 잡고 눈이 가득한 세상 속으로 걸어가는 뒷모습을 그린 마지막 장면은 인상적입니다. 앞으로 피터가 겪을 숱한 이야기들이 그 안에 감춰져 있습니다.

실제로 작가는 그뒤 피터를 주인공으로 여러 권의 그림책을 냈습니다. 친구와 만나고, 여자친구에게 편지를 보내고, 동생이 생겨 엄마 아빠의 사랑을 빼앗겼다고 슬퍼하지만 곧 동생을 위해 자신의 의자를 양보하는 피터의 성장담이 펼쳐집니다.

친구에게 손을 내밀어 함께 세상 속으로 들어가는 이 장면이야말로 피터의 긴 성장담의 시작인 셈이지요. 타인의 존재를 인정하고 손을 내미는 것, 그게 성장의 시작입니다.

하지만 그게 어디 쉬운 일인가요. 어른이 되어도 누군가에게 손을 내미는 건 여전히 어렵습니다. 어렸을 땐 어른이 되면 그런 일쯤은 당연히 아주 잘 할 수 있을 거라고 생각했는데, 나이가 들수록 오히려 싫고 좋음이 분명해지고, 자기 방식도 뚜렷해지면서 다른 이에게 내 진짜 마음을 내보이고, 손을 잡기가 더 어려워지는 것 같습니다. 어려워지다뿐입니까. 사회에 나와보면 오히려 진심을 숨겨야 할 때가 더 많고, 누군가 내미는 손을 맞잡는 것이 망설여질 때도 허다하지요. 아이들에게는 자연스러운 성장이 어쩌면 어른들에게 더 풀기 어려운 숙제 같을 때가 하루이틀이 아닙니다.『눈 오는 날』이 생각나는 건 눈 내리는 날만은 아니었던 듯도 합니다.

### 눈 내리는 날 읽고 싶은 책을 딱 한 권 고른다면

눈 오는 겨울, 이 책을 보지 않는다는 건 삶의 즐거움을 하나 놓치는 것입니다. 주변에 어린이가 있다면 꼭 읽어주세요. 아이들이 하나같이 그림책에서 본 눈 천사를 만들 것입니다. 물론 눈 천사 만들기는 나이 제한이 없습니다. 오랜만에 눈 위에 누워 팔과 다리를 휘휘 저으면서 나만의 눈 천사를 만들어보세요.

● 함께 읽어보세요 ●

『내 친구 루이』
에즈라 잭 키츠 글·그림 | 정성원 옮김 | 비룡소

『루이의 우주선 상상 1호』
에즈라 잭 키츠 글·그림 | 서애경 옮김 | 웅진주니어

에즈라 잭 키츠의 또 다른 그림책 두 권을 권합니다. 두 책의 주인공은 외톨이 꼬마 루이입니다. 새로운 곳에 이사를 가서 혼자된 루이가 어떻게 자신의 상상의 힘으로 그 힘든 시간을 견디는지, 또 어떻게 친구를 만들어가는지를 보여줍니다.

「창밖의 사람들」| 올리비에 두주 글 | 이사벨 시몽 그림 | 박희원 옮김 | 낮은산

# 나만이 아닌
# 공동체를
# 생각합니다

춥거나 덥거나, 바쁘고 귀찮아서 길거리 전단지를 받지 않고 지나친 경험이 있을 것입니다. 안타까운 사연의 1인 시위자를 위한, 1분이면 끝나는 서명을 외면한 적도 있을 것입니다. 나와 관계 없는 일 앞에서 걸음을 멈추는 건 아무리 간단해 보여도 결심을 요구합니다. 올리비에 두주의 『창밖의 사람들』은 이웃의 고통을 눈 감고 귀 막으면서 슬쩍 지나쳐온 우리의 덜미를 확 잡아채며 정신 차리라고 말하는 강렬한 그림책입니다.

책 속 이야기는 하얗게 성에가 낀 겨울 유리창에 손가락으로 그린 얼굴이 방안에서 따뜻한 겨울밤 골목을 내려다보며 시작됩니다. '창문 안쪽에 그려진 착한 사람'은 눈과 심장이 있지만 볼 줄도 느낄 줄도 모릅니다. 이 사람이 건조한 눈길을 보내고 있는 창문 바깥에는 '손가락까지 꽁꽁 얼어 돌덩이처럼 굳은 몸으로 쓰레기통 사이에서 꿈을 꾸는' 또 다른 착한 사람이 있습니다. 그 사람의 신음은

> **"** '거리에 나가보면 여러모로 풍요롭게 보입니다. 하지만 절박한 목소리가 없는 것은 아닙니다. 어쩌면 더 두툼한 이중창이 이웃의 고통과 나의 외면 사이에 놓여 있는 것은 아닌가 생각해보게 됩니다. **"**

 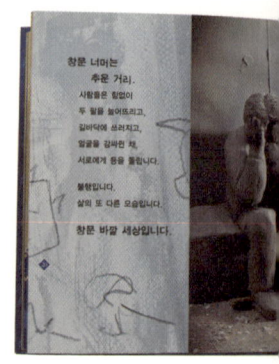

두툼한 창문이 가로막고 있어서 잘 들려오지 않습니다. 어두컴컴한 창문 밖 착한 사람의 형체는 그가 어떤 고통에 놓여 있을지 마음을 기울인다면 얼마든지 상상할 수 있을 만큼 묵직합니다. 그러나 '창문 안쪽의 착한 사람'은 자신도 밖에 내던져질 수 있다는 사실을 깨닫지 못한 채 창문 바깥의 서러움을 외면하고 살아갑니다.

'우리는 기계가 아니다.'

1970년 11월 13일 청년노동자 전태일이 세상을 향해 던졌던 말입니다. 반백 년 가까이 흘렀고 거리에 나가보면 사람들의 모습은 그 무렵보다는 여러모로 풍요롭게 보입니다. 하지만 외연이 그럴듯해 보인다고 해서 절박한 목소리가 없는 것은 아닙니다. 어쩌면 더 높고 날카로운 볼륨으로 외쳐도 전달되지 않는 두툼한 이중창이 이웃의 고통과 나의 외면 사이에 놓여 있는 것은 아닌가 생각하

게 됩니다.

작가는 이 그림책에서 창 안의 사람과 창밖의 사람 모두를 '착한 사람'이라고 명명했습니다. 책을 끝까지 읽고 나면 '착한'이라는 말은 더없이 무기력하게 들립니다. '사는 게 바빠서', '나도 어려워서'라는 말로 정당화하곤 했던 이웃을 향한 내 얼음장 같은 행동이 떠오릅니다. 착한 사람이 착한 사람을 외면하는 사이에 창밖에서는 사람이 죽어갑니다. 창밖의 사람들은 누구일까요. 우리 모두는 창 안의 사람들이면서 창밖의 사람들입니다.

몇 해 전 프랑스의 클리스수부아에서 큰 시위가 일어난 적이 있습니다. 이 지역에 사는 이들 중 절반가량은 대물림해온 실업자였습니다. 같은 도시에 사는 이웃들이 이들 극빈층을 노골적으로 멸시해온 역사가 이 시위의 도화선이 되었습니다. 당시 이 격렬한 시위에 참여했던 사람들은 이렇게 말했다고 알려졌습니다. 사회보장제도가 어느 정도의 생존은 유지해주고 있지만 이웃으로부터의 냉대와 모욕은 더 이상 견딜 수 없었노라고 말이지요. 시스템에 앞서 인간의 온기가 더 중요하다는 것을 말해주고 있습니다.

이탈리아의 작은 도시 아시시의 성인 프란치스코는 '가난한 사람에게 내 허리를 굽힐 것이 아니라 가난한 사람의 수준으로 나를 내려놓아야 한다'는 말을 남겼습니다.

어렵고 힘든 나날입니다. 외롭고 아픈 싸움을 하고 있는 사람들이 왜 이렇게도 많은지 모르겠습니다. 하지만 그 아픔을 외면하는 곳에서는 공동체의 행복이란 존재하기 어렵습니다. 반면에 서로 이웃의 아픔을 내 일처럼 느낄 수 있다면 혹한이더라도 견딜 만할 것입니다. 외롭고 힘든 이들에게 마음을 전하는 것에 주저하지 않아도 되는 사회, 살아가면서 혹시 겪게 될 어렵고 힘든 순간 누군가의 손길이 나에게로 향할 것이라는 믿음이 존재하는 사회라면 그나마 살 만하지 않을까요. 이 그림책은 착한 사람이 되는 것이 중요한 일이 아니며 '타인을 느낄 수 있는 사람'이 되어야 한다는 것을 담담하게 말하고 있습니다.

이 책을 읽으면서 각박한 생활에 잠시 잊고 지낸 공감의 세포를 되살려보시길. 남이 아프면 나도 아플 수 있는 사람이 되는 일은 생각보다 어렵지 않습니다. 앞만 향하는 시선을 조금만 옆으로 돌리면 훨씬 더 많은 이들과 마음을 나눌 수 있습니다. 그것 역시 공동체의 한 사람으로서 한 단계 성장해가는 일이 아닐까도 싶습니다.

### 고단한 노동으로 몸과 마음이 지쳐 있다면, 그런 분이 옆에 있다면

간병인, 시간 강사, 계약직 방송작가, 마트 계산원, 편의점 알바 청소년, 화물 노동자, 계약직 공무원 등 우리의 이웃들은 모두 다른 직업을 가지고 있습니다. 그동안 그림책에서 수많은 등장인물들의 삶은 '회사원'이라는 하나의 이름으로, 그들의 노동은 '일하러 간다'는 말로 불려졌습니다.

우리는 장래희망이 '정규직'이거나 '공무원'이 될 만큼 고용이 불안정한 현실 속에서 살고 있습니다. 짤막하게 여러 가지 일을 하면서 분주하게 살다보면 내 삶도 남의 삶도 모두 냉정하게 바라보게 됩니다. 약자가 약자에게 더 가혹하게 대하는 경우도 생깁니다. 이 책을 보고 있노라면 나와 남의 삶을 가로막는 장벽을 허물고 좀 더 가까운 사람과 따뜻하게 손을 잡아야겠다는 생각을 하게 됩니다.

● 함께 읽어보세요

**『믿기 어려운 크리스마스 선물 44가지』**
나탈리 슈외 3인 글·그림 | 최윤정 옮김 | 바람의아이들

외로운 크리스마스에는 어떤 로맨틱한 불빛도 으슬으슬해 보입니다. 주머니가 가볍고 친구도 멀리 있어서 쓸쓸한 크리스마스를 보내는 분이 계신다면 이 그림책을 읽고 책에 등장하는 '믿기 어려운 크리스마스 선물'들 가운데 하나를 골라보세요.
'사탕이 열리는 진짜 나무', '내가 심심할 때마다 재미있는 말을 해주는 앵무새', '어떤 벽에나 다 설치할 수 있는 비밀통로', '벽이나 천장을 걸어다닐 수 있는 신발', '불꽃이 터지고 나면 수백 개의 선물이 천천히 땅으로 떨어지는 선물 폭죽', '원하는 나이가 되게 해주는 물약 (유효기간 1일)' 등 우리를 즐겁게 해주는 수십 가지 선물의 목록이 가득합니다. 이 상상이 이루어진다면 누구에게 선물하고 싶은지 생각해보는 것도 기분이 좋아지는 일입니다. 나도 남도 덜 외로운 크리스마스를 위해서 계획을 세워보시는 건 어떨까요.

상황별 처방전
# 그림책이 필요한 순간, 어울리는 책 한 권

## 내 편이 필요해

- 『알도』_274
- 『저마다 제 색깔』_148
- 『토끼의 결혼식』_106
- 『밤을 켜는 아이』_186

## 이제 그만! 사표를 던지고 싶다

- 『워거즐튼무아』_048
- 『사자 사냥꾼 클로이의 끝없는 이야기』_278
- 『오늘은 좋은날』_168
- 『민들레는 민들레』_180
- 『고슴도치 X』_154

## 혼자 있고 싶어

- 『수영장』_056
- 『고래가 보고 싶거든』_256
- 『눈 오는 날의 생일』_028
- 『저마다 제 색깔』_148

## 모든 새로운 순간을 위하여

- 『난 자전거를 탈 수 있어』_016
- 『날마다 날마다 놀라운 일들이 생겨요』_068
- 『찰리가 온 첫날 밤』_100
- 『꼬마 다람쥐 얼』_244

## 나는 과연 다시 일어설 수 있을까?

- 『안나의 빨간 외투』_022
- 『비오는 날의 소풍』_042
- 『바다가 보고 싶었던 개구리』_260

## 지금과는 조금 다른 세상을 꿈꾸다

- 『바다가 보고 싶었던 개구리』_260
- 『고슴도치 X』_154
- 『창밖의 사람들』_302
- 『참새의 빨간양말』_290

## 혼자서 술 한 잔, 그림책 한 권

- 『아기 여우와 털장갑』_230
- 『민들레는 민들레』_180
- 『고슴도치 X』_154

## 즐거운 나들이, 기분 업!

- 『날마다 날마다 놀라운 일들이 생겨요』_068
- 『비오는 날의 소풍』_042
- 『팝업북』_074

## 어느 곳을 펼쳐도 명화

- 『부엉이와 보름달』_250
- 『나무를 그리는 사람』_224
- 『눈 오는 날의 생일』_028

## 환상은 아이들만의 것이 아니야

- 『알도』_274
- 『시간 상자』_198
- 『심야 이동도서관』_034

## 이게 기적? 이것도 기적!

- 『날마다 날마다 놀라운 일들이 생겨요』_068
- 『눈 오는 날』_296
- 『리디아의 정원』_142
- 『오늘은 좋은 날』_168
- 『참새의 빨간 양말』_290

## 화해할 때 딱 좋아
- 『아모스와 보리스』_118
- 『100만 번 산 고양이』_094
- 『언제까지나 너를 사랑해』_124

## 날 두고 친구가 결혼을 한다네
- 『100만 번 산 고양이』_094
- 『토끼의 결혼식』_106
- 『개구리 왕자, 그 뒷이야기』_112
- 『언제까지나 너를 사랑해』_124

## 꽃다발 플러스 책 한 권
- 『애너벨과 신기한 털실』_136
- 『리디아의 정원』_142
- 『구룬파 유치원』_272
- 『오늘은 좋은 날』_168

## 센스 있는 이모, 멋진 고모가 되고 싶다면
- 『내 인형이야』_080
- 『눈 오는 날』_296
- 『알도』_274
- 『팝업북』_074

## 사랑하는 사람이라면, 누구라도

- 『백다섯 명의 오케스트라』_062
- 『언제까지나 너를 사랑해』_124
- 『마지막 휴양지』_192

## 소원이 이루어지는 모습을 보고 싶다면

- 『고래가 보고 싶거든』_256
- 『작은 배추』_266
- 『줄넘기 요정』_284

## 누군가와 함께 울어주고 싶을 때

- 『소피의 달빛 담요』_206
- 『시간 상자』_198
- 『여우 나무』_212
- 『강아지 천국』_218

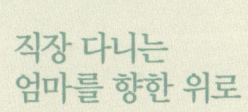

## 직장 다니는 엄마를 향한 위로

- 『언제까지나 너를 사랑해』_124
- 『엄마 마중』_130
- 『아기 여우와 털장갑』_230

어쩌면 당신에게는 그림책이 아니라
따뜻한 한마디가 필요할지도 모릅니다.
당신께 필요한 그 위로가
이 책을 통해 가닿기를.
⋮
그림책이 우리에게 그래주었던 것처럼.

이토록 어여쁜 그림책

1판 1쇄 2016년 12월 19일
1판 11쇄 2024년 5월 1일

지은이 이상희 최현미 한미화 김지은

| | |
|---|---|
| 책임편집 이현화 | 펴낸곳 (주)이봄 |
| 편집 고미영 이예은 이은주 | 펴낸이 김소영 |
| 디자인 이효진 | 출판등록 2014년 7월 6일 제406-2014-000064호 |
| 사진 스튜디오 다홍 | 주소 10881 경기도 파주시 회동길 210 |
| 저작권 박지영 형소진 최은진 서연주 오서영 | 전자우편 yibom@munhkak.com |
| | 대표전화 031-955-8888 |
| 마케팅 정민호 서지화 한민아 이민경 안남영 왕지경 황승현 김혜원 김하연 김예진 | 팩스 031-955-8855 |
| | 문의전화 031-955-3579(마케팅) |
| | 031-955-2672(편집) |
| 브랜딩 함유지 함근아 고보미 박민재 김희숙 박다솔 조다현 정승민 배진성 | |
| 제작 강신은 김동욱 이순호 | |
| 제작처 한영문화사 | |

ISBN 979-11-86195-90-1  03810

• 이 책의 판권은 지은이와 (주)이봄에 있습니다.
  이 책의 내용의 전부 또는 일부를 재사용하려면 반드시 양측의 서면 동의를 받아야 합니다.
  이봄은 (주)문학동네의 계열사입니다.

• 잘못된 책은 구입하신 서점에서 교환해드립니다.
  기타 교환 문의: 031-955-2661 | 031-955-3580

www.munhak.com